知的障害のある子への
文字・数前の指導と教材

楽しく学べるシール貼りワーク&
学習段階アセスメント表付き

大高正樹 著

明治図書

はじめに

　本書は，重度の障害を持つ方々との「学習を通して学んだ知見」と「学習を行う際に工夫してきた教材」をまとめた書です。

　私は，今から11年前，水口浚先生が代表を務める「障害児基礎教育研究会」に参加しました。それ以来，水口先生が他界するまでの8年間，水口先生の講演にカバン持ちとして同行したり，水口先生が講師を務める「学習の会」に助手として参加したりしながら，障害児教育の基本を学んできました。水口先生は研究会の運営や執筆活動よりも教材を工夫し子どもと学習することに熱心で，「教材を工夫しては，子どもたちと学習をするために色々な場所に出かけ，そこでの反省を踏まえてさらなる教材を作り，また学習に赴く」という生活を繰り返していました。そのため，教材は増えていく一方ですが，その教材を系統的に整理したり，解説を加えたりする作業は一向に進みませんでした。

　私も，水口先生にならい「教材を作っては，子どもたちとの学習を行い，また作っては学習をする」という繰り返しで，文章を書くことには全く無頓着でした。

　そんな我々が，水口先生の考え方を基盤にした「本」を作ろうと一念発起したのは，水口先生が癌に侵されて1年が過ぎ，余命があと数か月となった2006年10月のことでした。私は，2，3日おきに水口先生の病室を訪れ，2時間近く，「本」を作成するための作業に入りました。最初は，水口先生が書いたものを私がパソコンで打ち直す予定で始まりましたが，その時の水口先生は書くことがおぼつかない状態になっており，私が書いた原稿を水口先生が添削する形となりました。

　2007年2月，水口先生が亡くなり作業は中断しました。私は，「水口先生と約束した本をいつか出版したい」との気持ちが常に心の隅にありました。そのため，教材を工夫しては子どもと行う学習と並行して，今まで作製してきた教材を整理し，写真を撮る作業を続けてきました。

　今回，明治図書出版から本書出版のお話をいただき，水口先生と病床で話し合い作成した原稿に手直しを加え，第1章を執筆しました。第2章では，私が特別支援学校や研究会で出会った子どもたちから教わったことをアセスメント表に合わせて紹介しました。さらに，第3章では，今まで作ってきた教材の中で，コピーして使えるシール貼り教材を選択し，アセスメント表の段階に合わせてまとめ，掲載しました。本書のアセスメント表およびシール貼り教材はコピーして多くの方にご活用いただければ幸いです。

　また，本書は特別支援教育に携わって間もない教育関係者の方々や保護者の方々にも分かりやすいように，実践事例と教材の写真を中心にまとめました。この本を手に取られた方々が，今現在，接していらっしゃるお子さん方の実態と照らし合わせながら，参考にできる部分があれば，ぜひご活用いただきたいと思います。

大高　正樹

もくじ

はじめに 3

第1章
教材を用いたアセスメント

1 子どもの実態をとらえるために ……………………………………………… 8
2 教材をどうとらえるか ………………………………………………………… 9
3 教材を用いたアセスメント …………………………………………………… 11

　★水口・大高教材アセスメント －解説－　13
　★水口・大高教材アセスメント －チェックリスト－　16

4 リサイクル素材で作るアセスメント教材 …………………………………… 19

　教材1　お盆に置かれた筒を取る／教材3　棒に通された筒を抜き取る／教材4　手渡された玉を穴に入れる／教材5　お盆に置いてある玉を取り，筒に入れる／教材6　玉を取り，筒に入れる動作を繰り返す／教材8　10本の棒をさす／教材9　大きさの弁別をする／教材10　形の弁別をする／教材11　色の弁別をする

第2章
一人ひとりに合わせた教材の工夫

1 シート1段階以前 の子どもに対する教材の工夫 ……………………… 25

　〜自発運動を引き出す段階〜
　事例1　意識がはっきりしなかったAさんへの
　　　　におい・触覚からのアプローチ　25

2 　シート1段階 の子どもに対する教材の工夫 ……………………………………… 30
　　～相手の働きかけに応じて物をつかんだり，放したりすることを目標とする段階～
　　事例2　相手のタイミングに合わせて物をつかんだり，
　　　　　　放したりすることを目指したBさんへのアプローチ　30
　　事例3　相手の問いかけに応じて，決められた場所に物を置くことを
　　　　　　目指したCさんへのアプローチ　36

3 　シート2段階 の子どもに対する教材の工夫 ……………………………………… 46
　　～物を弁別することを目標とする段階（枠を手掛かりにして）～
　　事例4　相手のペースに合わせることを目指したDさんへのアプローチ　46
　　事例5　細かい違いを見分けられることを目指したEさんへのアプローチ　56
　　事例6　端から順番に置くことを目指したFさんへのアプローチ　66

4 　シート3段階 の子どもに対する教材の工夫 ……………………………………… 75
　　～見本に合わせて答えを出すことを目標とする段階～
　　事例7　絵カードの理解を目指したGさんへのアプローチ　75
　　事例8　相手の出題意図を理解して答えることを目指したHさんへのアプローチ　84

第3章
文字学習につながるシール貼りワーク

1 　9段階のシール貼りワーク …………………………………………………………… 93
2 　文字作りシール貼りワーク …………………………………………………………… 99

おわりに　124

第1章
教材を用いたアセスメント

　私は，11年前に「障害児基礎教育研究会」という研究会に参加したのをきっかけに，今は亡き水口浚先生に指導を受けてきました。水口浚先生は，若い頃から言語学者の梅津八三先生に師事され，教材教具を通して，障害の重い盲，ろう，肢体不自由，知的発達障害の子どもたちとかかわってこられた先生です。養護学校（現・特別支援学校）を退職された後も障害児基礎教育研究所を設立され，同じ志をもった現場教員や医師，福祉作業所職員と研究を続けられていたのです。

　私はこの出会いから，水口先生と教材を工夫しては子どもたちと学習し，そこでの反省を元に教材を作るということを繰り返し，それを通して，教材を用いて子どもの実態をつかむ方策についてまとめるようになりました。

　それが本書に掲載している「水口・大高アセスメント」です。水口先生が志半ばで他界されたこともあり，本書では水口先生に教えていただいたことをベースに，私自身の実践経験が豊富だった「文字・数以前」の重度の知的障害のある子どもに対象を限定してまとめてあります。

　「文字・数以前」の重度の知的障害のある子どもへの指導については，どのような順序でどのように進めていけばよいのか，迷われる先生も多いのではないかと思います。そんな先生に本書がお役に立てば，と願っています。

　私も水口先生に指導を受け始めた当初は，「この課題とこの課題はどちらを先に行うのがよいものでしょうか？」と質問をしたことがあります。水口先生はそんな時，「それは子どもによって違うからね。やってみないと分からないよ。」と答えつつも，「僕の経験からするとね，だいたいの子はこっちからやった方が良かったよ。」などと教えてくださいました。

　子どもは一人ひとり決して同じ様態を示すわけではありません。ですから，どの子も「水口・大高アセスメント」の段階を順に踏んでいくわけではないでしょう。まず目の前の子どもを先生ご自身の手でとらえていただきたいと思います。本書に掲載したアセスメント表は「だいたいはこうでは？」という1つの指標としてとらえていただければ幸いです。

　そのために，どのように子どもの実態をとらえていくのがよいか，本アセスメント表を用いてどう子どもとかかわっていけばよいのか，述べていきたいと思います。

　また，「水口・大高アセスメント」は教材を用いて行うアセスメントです。「文字・数以前」の重度の知的障害のある子どもにとって，その子に合わせてスモールステップで作成された教材は，子どもが自ら伸びていくための何よりの手助けになります。私たちが作った教材は2,000種類以上にもなるでしょう。本書では私たちの教材への思いとともにそんな中から厳選し，廃

材などを利用して簡単に作れる基礎の教材も紹介しています。

私たちの思いとともに「水口・大高教材アセスメント」をご活用いただき，先生方の明日からの授業に役立てていただければと思います。

1 子どもの実態をとらえるために

梅津八三先生の言葉
① 一寸先が闇ならば，一寸手前を見なさい。できるところから始めなさい。
② 何事もやってみなければ分かりません。
③ 仮説を立て，また仮説を立て替え，工夫していかなければ，その子の実態は分かりません。

これは，水口先生の恩師の梅津八三先生（東京大学名誉教授）の言葉です。

水口先生が子どもの指導に迷い，「いくら指導しても，この子の力を伸ばすことができません。一寸先は闇です。よい方法を教えてください。」と質問した時に言われた言葉なのだそうです。

初めて接する子どもに対しても，何度も繰り返し指導をしている子どもに対しても，常にこの考え方を頭においておくことが大切だと思います。

先生方が子どもの指導で悩まれた時にぜひ思い出していただければと思います。

水口浚先生から教わったこと＝アセスメントの基本となる考え方
① 子どもができる教材から始めること。
② １つの教材で評価をするのではなく，たくさんの教材を用意し，それらの教材を用いて実際に学習を行ったうえで評価をすること。
③ 作った教材に固執することなく，子どもの反応に応じて教材を作りかえること。

水口先生に師事したばかりの頃，私は「教師の仕事は子どもの力を伸ばすことだ」と信じ，必死になっていました。子どもの力を伸ばさなくては，とその子にとって難しい課題にもどんどんチャレンジしていました。ですから，水口先生が子どもがもう当然できるはずの教材を使って学習を始めると，「なぜ，こんな簡単なことばかりやるのだろう？」「もう少し，進んだ課題をやればよいのに？」「この子はもっと難しい課題だってできるはずなのに？」と疑問に思っていました。

そんな時に教わったのがこの考え方でした。水口先生は，「そんなにあわてるなよ。ぼちぼちやればいいよ。子どもは自発的に伸びなければ意味がないんだよ。」と声をかけてくださったのです。

「教師は，子どもを伸ばすのではなく，子どもが自ら伸びていくための手助けをするために仕事をする」のです。私がその言葉の意味が心の底から分かるようになったのは，さらに数年の実践経験を積んだ後でしたが，それ以来，私のよりどころとなっている考えです。

水口先生の指導は少しずつですが，確実に進んでいきます。子どもたちは，魔法にかかったかのように，生き生きと「自発的に」学習に取り組むようになります。その様子から，水口先生の指導は「水口マジック」と呼ばれることもありましたが，その根底で大切にされていたのは上記の3点なのです。この基本的な考えを受け継ぎ，焦らず，目の前の子どもの反応に応じて教材を工夫し，向かい合っていくことが何より大切なことだと思います。

2　教材をどうとらえるか

教材は，「教材」という「もの」の素晴さにあるのでなく，教材を活用する人の「心」にあると考えます。水口先生の言葉の引用になりますが，そのとらえは下記のようになります。

人間とは

① 何人も障害の有無，程度，能力の質・量に関係なく侵すことのできない尊厳をもつものである。
② 社会的存在として，集団との相互交渉の中で学ぶ存在である。
③ 精神活動（想像力・思考力）を豊かにして，より良く学ぶ存在である。
④ 可能性は非不可能（不可能なことはないという意味で，梅津八三先生が用いた言葉）であり，学習を通してよりよく生きる存在である。
⑤ 障害・能力・特性は異なり，成長の筋道もそれぞれ異なる存在である。

教育とは

教育は，コミュニケーションなしには成立しない。コミュニケーションの過程で不可能を可能にする新しい行動が呼び起こされ，思考力が豊かになっていく。

そのために，教師は「ことば」の代わりとなる「教材教具」を工夫し，子どもを援助していくことが大切である。

学習とは

学習は子どもの「自発」なしには成立しない。一方的な指示や命令は，拒否や自分の殻に閉じこもる結果につながる。子どもが自発的に取り組んで初めて学習といえる。

指導上の心得

一人ひとりの子どもの尊厳に襟を正し，人間としての可能性を信じ，愛情と情熱を傾け，忍耐と粘り強さをもち，教材教具を工夫していくこと。

可能性を信じること〜仮説の立て直しについて〜

　子どもと学習する時，私はいくつかの仮説を立て教材を用意していきます。

　しかし，仮説が全て当たるとは限りません。そこで仮説（教材）を可能な限り，1つでも多く持参することにしています。働きかけの手詰まりが少しでもないように，仮説（戦術）を多くしていきます。

　それでも，準備した仮説がことごとく当たらないことがあります。その時は，改めて，働きかけに対する反応の仕方（特に，手の使い方，目の使い方等々の五感の使い方）を吟味し，時には，保護者や周りの方々から日常生活の様子等を教えて頂き，新たに教材を工夫，作製していきます。

　このようにして，ギブアップだけはしないで継続的に，その子どもと私との共通のことばとなる教材を工夫していくことで，どんなに障害の重い人でも，生き生きとした反応を示してくれます。

　そして，教材が人間関係成立のきっかけとなります。教材が共通のことばとなりますから相互交渉（コミュニケーション）が成立し，学習を進めることができます。

　そのためには，その子どもの人間としての可能性を信じて新しい教材を工夫していくことが何よりも大切なことだと思います。

　そして，「次々に新たに教材を工夫していくこと」が，「子どもを信頼していくこと」であるということが分かってきました。また，「教材を工夫すること」が，自分自身をより創造的にし，豊かに生きる道であるということも分かってきました。

　私にとっては，実践を通して，このようなことに新たに気付き，発見していくことにもつながり，その喜びは何とも言葉に尽くせぬ「生きる喜び」であります。

（水口　浚）

3 教材を用いたアセスメント

(1) 基礎基本の10教材

　先にも述べたが，私たちが作成した教材は，2,000種類以上にのぼります。子どもの実態に合わせて一人ひとりに合わせて作ってきたからです。

　しかし，共通して使える基礎基本の教材というものがあるのではないかと，私と水口先生は，作成した2,000種類以上の教材から下記の10教材を基礎基本の教材として選びました。

基礎基本の10教材

① 「スイッチ・チャイム」教材	⑥ 「リングさし・玉さし」教材
② 「リング抜き」教材	⑦ 「玉ひも」教材,
③ 「玉入れ」教材	⑧ 「事物のはめ板」教材
④ 「棒さし」教材	⑨ 「数のタイル」教材
⑤ 「形のはめ板」教材	⑩ 「お金のそろばん」教材

(2) 10教材で20段階の課題

　このように「10種類の教材」を選びましたが，それをどのような子にどのようになってほしいから用いるものなのか，事例をあげて解説しようとすると，1つの教材に多様な段階が含まれていることが分かります。たとえば④「棒さし」教材といっても「棒を1本土台から引き抜く段階」もあれば「太さを弁別して穴にさす段階」もあり，「さらに提示された数だけを穴にさす段階」もあるのです。

　そこで，共通して使える基礎基本の10教材を段階ごとに並べなおしてみたものが下記「**20段階の課題**」です。

20段階の課題

① 物に触る	⑧ 大きさを弁別する	⑮ 左右の点を指で行き来する
② 物を放す	⑨ 太さを弁別する	⑯ 真ん中，上下左右等の位置を理解する
③ 物を取る	⑩ 形を弁別する	
④ 物を入れる	⑪ 色を弁別する	⑰ 同じ量だけ取る
⑤ 連続して取る	⑫ 順番に入れる	⑱ 縦軸と横軸で表を見る
⑥ 連続して入れる	⑬ 同じ物を取る	⑲ 数の合成・分解をする
⑦ 並べて置く	⑭ 仲間集めをする	⑳ 文字を模倣して書く

(3) 水口・大高教材アセスメント

　上記のようにできあがった「20段階の課題」から，本書では「文字・数以前」を重点に「初めて子どもと接する時に，用意するとしたらどの教材か」という観点で，16段階にまとめなおして，次頁からの表で紹介しています。

　「20段階の課題」の整理までは，水口先生のご指導のもと行いましたが，先生が他界されたため16段階への絞り込みは私が行いました。そのため，どうしてもうまく説明ができなかった位置理解に関しては省略させていただき，「文字・数以前」に重点を置いたのです。

　しかしながら，「文字・数以前」の重度の知的障害のある子どもの指導にあたられる先生が最初に子どもに接した時に，子どもの状態像を把握しながら取り組むための課題としてはお役にたてるものと思います。

留意点1

　このアセスメントは2,000種以上ある教材の中から，教材を厳選して16種類の教材に絞り込んで作成した。それは「最初に子どもに接した時に取り組む教材」という視点で絞り込んだ。したがって，このアセスメントの教材のみを繰り返し学習し，上位の段階の教材ができるようになれば良いわけではない。実践指導においては，このアセスメントをもとに，それぞれの子どもの実態に応じて，より細かい観点での教材教具の工夫が必要である。

　（第2章において，実践事例をあげ，より細かい観点での教材教具の工夫を紹介した。）

留意点2

　教材の種類という視点で水口・大高教材アセスメントを見ると「筒抜き」教材→「玉入れ」教材→「棒さし」教材→「はめ板」教材→「カード」教材→「数系列版」教材→「マトリクス」教材となっており，一見すると教材そのものに段階があるように見える。

　しかしながら，あくまでも代表的な教材を挙げたに過ぎない。「棒さし」教材だけでもたくさんの段階の教材が作れるし，「はめ板」教材でもたくさんの段階の教材が作れる。教材の系統性よりも，大切なことは指導目標の系統性である。教材はあくまで目的を達成するための手段であり，教材そのものが目標ではないことをご理解いただきたい。

　（第3章ではシール貼りワークで9段階の教材を掲載した。）

留意点3

　アセスメント表では，その教材ができたか，できなかったかを記すだけでなく，どのようにできなかったのかを記すことが重要である。そのために，評価のポイントを挙げた。評価のポイントで記した以外にも子どもは様々な反応を示すことが予想される。その行動も簡潔に記し，指導へとつなげていただきたい。

水口・大高教材アセスメント―解説―

シート1…相手の働きかけに応じて物をつかんだり，放したりすることを目標とする段階

課題	評価のポイント
1　お盆に置かれた筒を取る	①机上に置かれたお盆，さらにその上に置かれた筒に注目できるか。 ②手を伸ばして，筒をつかむことができるか。 ※机上に置いた状態で注目できない場合は，お盆を視線の先に持っていくようにする。
2　手渡された玉をゴミ箱の上で放す	①手渡された玉を数秒間保持していられるか。 ②ゴミ箱が手元付近にあることを意識して，放すことができるか。 ※玉を手渡してから，間をおかずにゴミ箱を子どもの手元付近に持っていく。
3　棒に通された筒を抜き取る	①筒を棒の先端（終点）方向に向かって動かしているか。 ②筒を握ったまま，棒の先端（終点）まで滑らせて，抜き取ることができているか。 ※上方向で抜けなければ，棒を横にして，利き手方向に向かって抜くようにさせる。
4　手渡された玉を穴に入れる	①玉を保持したまま，穴に向かって手を伸ばせるか。 ②穴付近でタイミングよく玉を放せるか。 ※玉を持たせる前に，穴を触らせ，穴の位置を確認させるようにする。
5　お盆に置いてある玉を取り，筒に入れる	①玉と筒を見比べて，玉を筒に入れるという関係性を理解できているか。 ※玉を利き手側に，筒を利き手と逆側に提示する場合と玉を手前に筒を奥に提示する場合の2通りの提示で行う。
6　玉を取り，筒に入れる動作を繰り返す	①玉を1つ入れて終わりにするのではなく，お盆にまだ玉が残っていることに気づくことができるか。 ※事前に3つの玉に触らせる。 ※玉を利き手側に，筒を利き手と逆側に設定する場合と玉を手前に筒を奥に設定する場合の2通りの設定で行う。

シート2…物を弁別することを目標とする段階（枠を手掛かりにして）

課題	評価のポイント
7　3つの穴に棒をさす	①1つ入れた棒の上に重ねるのではなく，横の穴に気づくことができるか。 ※事前に3つの穴と3本の棒に触らせ，3つずつあることを意識させる。
8　10本の棒をさす	①全ての棒を穴にさすという意識が持てるか。（端から順番にさせなくても，空いている穴を探しすべてをさせれば良い。） ※事前に穴を順番に触らせ，穴がたくさんあいていることを意識させる。
9　大きさの弁別をする	①大きさの違いが理解できているか。 ※最初は大きい穴の前に大きい型を，小さい穴の前に小さい型を置く。次に，提示する型の左右の位置を入れ替えて行う。
10　形の弁別をする	①形の違いを理解できているか。 ※最初は〇の穴の前には〇型，△の穴の前には△型，□の穴の前には□型を置く。次に，提示する型の位置を入れ替えて行う。
11　色の弁別をする	①色の違いを意識できているか。 ※最初は赤の枠には赤の型，青の枠には青の型，黄の枠には黄の型，緑の枠には緑の型を置く。次に，提示する型の位置を入れ替えて行う。
12　順番にさす	①線に沿って順番にさすことができるか。（ばらばらにして全てを埋めるのでなく順番にさすことを促す。） ※事前に穴に沿って〇の形を指でなぞるようにする。

シート3…見本に合わせて答えを出すことを目標とする段階

課題	評価のポイント
13-① 同じカードの上に重ねる 同じカードの上に置いてください。	①カードの中のイラストの違いに気づくことができるか。 ②同じもの同士を重ねることができるか。 ※同じカードの下に並べる形式でも良い。 ※アセスメントでは例としてスプーン・フォーク・箸を掲載したが，子どもにとって身近な物ならば他の物でも良い。
13-② 見本を見て同じカードを選ぶ このカードと同じカードを選んでください。	①提示されたカードが見本であるという約束が理解できるか。 ※「手元にある選択肢の中から同じ物を選ぶことができるか」が重要である。そのため，見本に手を伸ばした場合は，見本は手渡さない。あくまでも見本は見るだけにする。
14-① 同じ物同士を同じ箱に入れる	①同じものを集められるか。 ※見本として箱に実物を1つずつ入れ，残りの物を入れるように促す。次に見本なしで同じ物を同じ箱に入れるように促す。 ※箱3つ，実物3つずつだと「一対一対応で配る」こともできてしまうので，箱の数より多い数の実物を用意する。
14-② 同じ概念の物同士を同じ箱に入れる	①形・色・大きさが違っても同じ概念として理解できているか。 ※見本としてカードを示し，同じ概念の物を集めるよう促す。次に見本なしで同じ物を同じ箱に入れるように促す。 ※箱3つ，実物3つずつだと「一対一対応で配る」こともできてしまうので，箱の数より多い数の実物を用意する。
15 見本の印と同じようにタイルを並べる	①見本の印とタイルの数を同じにすることができるか。 ※事前に見本の印を指さし，数を確認させる。
16 縦軸と横軸を意識して入れる	①縦系列と横系列の意味が理解できているか。 ※縦系列には〇・△・□，横系列には赤・青・黄系列があることを伝える。赤の〇ならば，「〇の見本の上に重ねた後，赤系列まで動かす。逆に赤の見本の上に重ねた後，〇系列まで動かす」という方法で見本を見せてから行う。

水口・大高教材アセスメント―チェックリスト― (複写可)

シート1…相手の働きかけに応じて物をつかんだり，放したりすることを目標とする段階

課題の写真	評価
	1　お盆に置かれた筒を取る
	2　手渡された玉をゴミ箱の上で放す
	3　棒に通された筒を抜き取る
	4　手渡された玉を穴に入れる
	5　お盆に置いてある玉を取り，筒に入れる
	6　玉を取り，筒に入れる動作を繰り返す

シート2…物を弁別することを目標とする段階（枠を手掛かりにして）

課題の写真	評価
	7　3つの穴に棒をさす
	8　10本の棒をさす
	9　大きさの弁別をする
	10　形の弁別をする
	11　色の弁別をする
	12　順番にさす

シート3…見本に合わせて答えを出すことを目標とする段階

課題の写真	評価
同じカードの上に置いてください。	13-① 同じカードの上に重ねる
このカードと同じカードを選んでください。	13-② 見本を見て同じカードを選ぶ
	14-① 同じ物同士を同じ箱に入れる
	14-② 同じ概念の物同士を同じ箱に入れる
	15 見本の印と同じようにタイルを並べる
赤 青 黄	16 縦軸と横軸を意識して入れる

4　リサイクル素材で作るアセスメント教材

「水口・大高教材アセスメント」のシート1・シート2で使用する教材は、多くが木製です。そのため、木材加工が苦手な先生は、それに相応する教材が手元になく、チェックリストが活用できないと不安に思われるかもしれません。そこで、木材を使わず、リサイクル素材で容易に教材を作る方法を紹介したいと思います。教材番号はアセスメント表の番号と対応させてあります。

教材 1　お盆に置かれた筒を取る（提示用のお盆）

用意する物
空き箱、フェルト、スプレーのり

作り方
1. 空き箱の底面にスプレーのりを吹きかける 
2. フェルトを空き箱の底面に合うサイズに切る 
3. 箱の底面にフェルトを貼れば完成する

ポイント
　空き箱は、側面が丈夫な物が良いでしょう。箱の大きさは縦横20cm以内、側面の高さも1～2cm程度の箱が適当です。あまり大きすぎたり、側面が高すぎたりすると、提示用のお盆としては適しません。
　底面に貼る布は、必ずしもフェルトでなくてもかまいません。ある程度厚みがあって、肌触りのよい物を選ぶと良いでしょう。

教材 **3** 棒に通された筒を抜き取る

用意する物

ラップの芯，ペットボトル（350ml），スズランテープの芯，メタリックテープ，プラスチック用接着剤

作り方

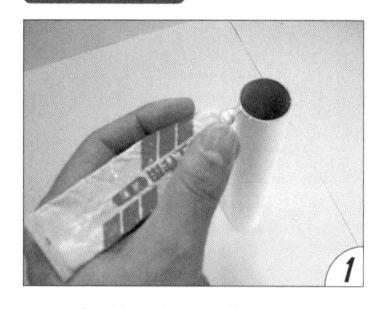

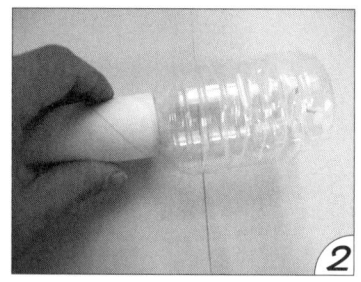

①ラップの芯の片方にプラスチック用接着剤を付ける

②ペットボトルの口部分に貼り付ければ土台になる

③スズランテープの芯に，メタリックテープを貼り付ける

ポイント

　この教材は，芯棒とその芯に通るサイズの筒があれば作ることができます。

　芯になる棒はラップの芯に限らず何でも大丈夫です。また，今回は土台としてペットボトルを使用しましたが，段ボール板や空き箱を土台として用いてもかまいません。

　筒はスズランテープの芯を紹介しましたが，ビニールテープの芯でも，セロハンテープの芯でも活用できます。芯棒の太さとそれに通す筒の太さや長さにより，子どもが取り組む際の難易度が変わってきます。ビニールテープの芯にするとスズランテープの芯に比べ，筒の長さが短くなるので，手のひら全体で握るように持つことができなくなり，親指と人差し指で，つまむ必要性が出てきます。

　また，セロハンテープの芯だと筒の長さが短くなるのに加えて直径が大きくなるため，芯棒とのすき間が広くなります。そのため，芯を握って抜こうとする際，前後左右に芯がぶれてしまい抜くことが難しくなります。

教材 4 手渡された玉を穴に入れる

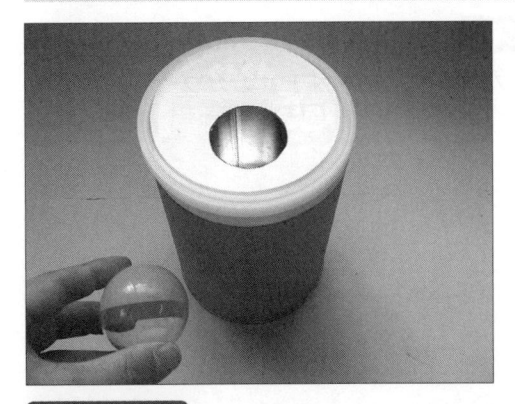

用意する物
ミルク缶，ガチャガチャのカプセル

作り方

1. 蓋にガチャガチャカプセルの直径より少し大きいサイズの円を書く 
2. 輪郭に添ってカッターでくり抜けば完成する

ポイント

この教材のポイントは，カッターでくり抜ける柔らかい蓋のついた缶や容器を探すことです。

ミルク缶の他にも，中蓋付きの海苔の缶などもあります。また，リサイクル素材ではありませんが，100円ショップで売っているタッパー（ポリプロピレン製容器）でも作れます。

玉ではなく，棒を用意し，その太さに合う穴を開ければ「棒を入れる」教材にもなり，様々なバリエーションを作ることができます。

| 教材 | **5 お盆に置いてある玉を取り，筒に入れる** |

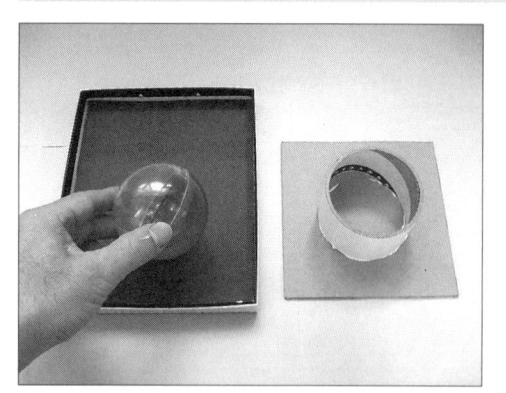

用意する物

ガムテープの芯，ガチャガチャのカプセル，段ボール箱

作り方

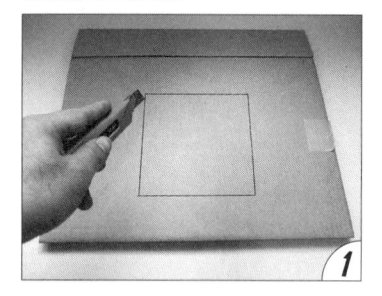

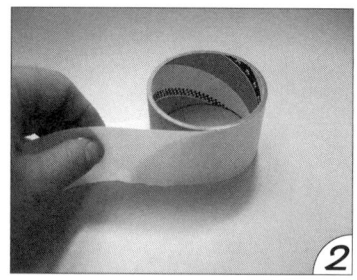

1. 段ボール箱を解体し，15cm四方の板に切る
2. ガムテープの芯の周りが，汚くなっている場合は画用紙を貼る
3. ガムテープの芯を段ボール板に木工用ボンドで貼る

ポイント

　この教材のポイントは，芯の直径とボールの大きさの関係です。たとえば直径3cmのスーパーボールならばビニールテープの芯が適当な大きさになります。

　また，リサイクルということを意識して玉の代わりにガチャガチャのカプセルを用いましたが，野球のボールもガムテープの芯に合うサイズです。

| 教材 | **6 玉を取り，筒に入れる動作を繰り返す** |

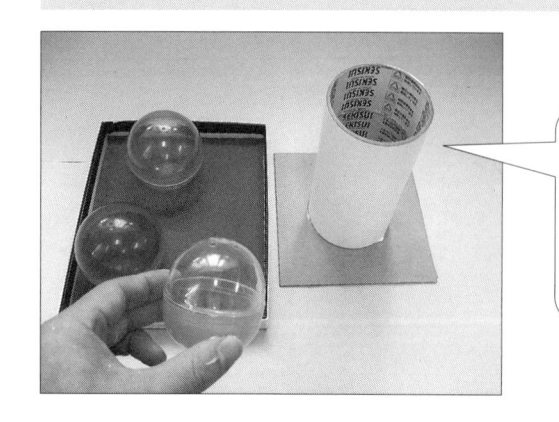

　教材5で作ったガムテープの芯を3つ積み重ねて貼り合わせれば
教材6　玉を取り，穴に入れる動作を繰り返す
になります。

教材 8　10本の棒をさす

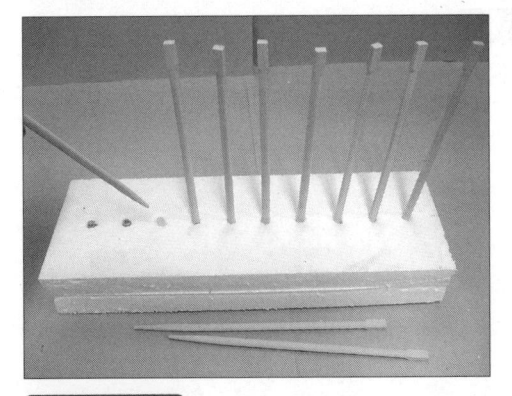

用意する物
発泡スチロールの箱，ストロー，竹製割りばし（丸棒状の割りばし），千枚通し

作り方

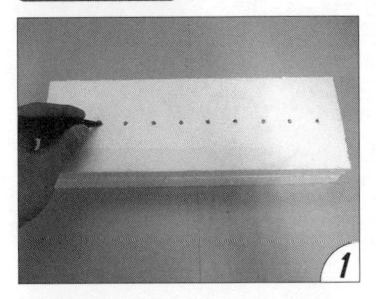

1. 発泡スチロールを12×33cmに切り，2cm間隔で印をつける 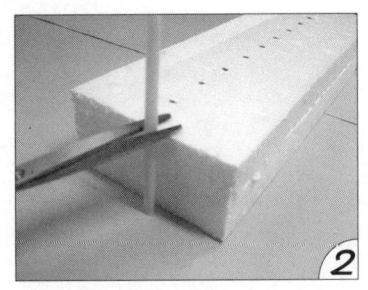
2. ストローを発泡スチロールの高さに合わせて切る 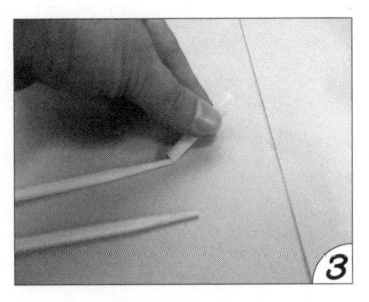
3. ストローに割りばしを通す 
4. 千枚通しで印部分に下穴をあける 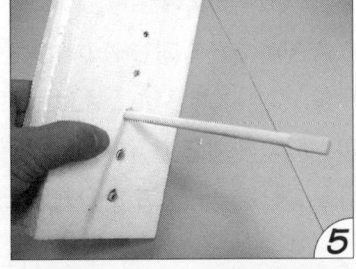
5. 下穴部分に割りばしを差し込みストローを残し，割りばしだけ引き抜く

ポイント
　この教材のポイントは，割りばしに合うサイズのストローを用意することです。また，割りばしを途中で切って短くしてもよいでしょう。この作り方で，<u>7　3つあいた穴に棒をさす</u>や<u>12　順番にさす</u>で用いる教材を作ることもできます。

> 教材 11 色の弁別をする

> 用意する物

ヨーグルトの空きカップ（紙製）8個，段ボール板，塗料

> 作り方

① ヨーグルトの空きカップに着色する
② ヨーグルトカップのふちに木工用ボンドを塗る 
③ 段ボール板に貼り付ける 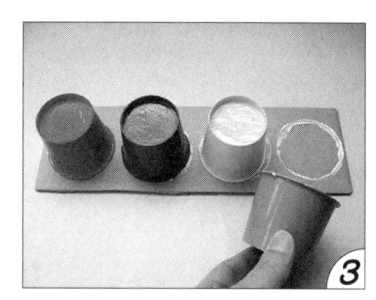

> ポイント

この教材のポイントは，重ねることができる同じ形の容器を用意することです。身の回りにあるプラ製容器にはいろいろな種類があります。たとえば豆腐の容器は四角，アイスの容器は丸ですから2個ずつ用意すれば10 形の弁別をするの教材が作れます。また，一口サイズのゼリーカップとアイスのカップを用意すれば9 大きさの弁別をするの教材になります。

> 教材 9 大きさの弁別をする

> 教材 10 形の弁別をする

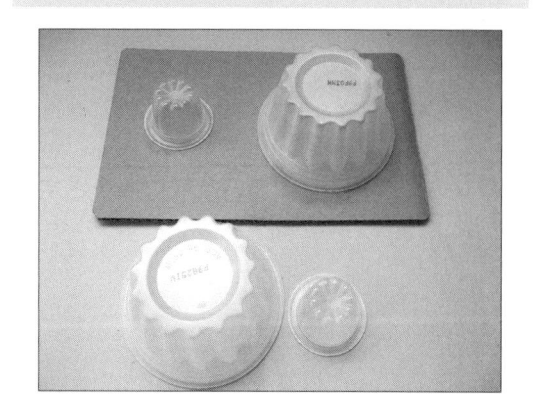

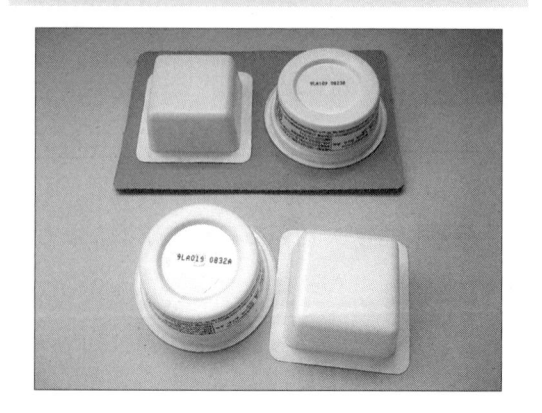

第2章
一人ひとりに合わせた教材の工夫

1 シート1段階以前の子どもに対する教材の工夫

～自発運動を引き出す段階～

> **事例 1** 意識がはっきりしなかったAさんへのにおい・触覚からのアプローチ

子どもの実態

　Aさんは、「水口・大高教材アセスメント」の1シート段階にも達していない12歳の子どもです。

　Aさんは、中学1年の夏までは通常の学級で元気に暮らしていましたが、事故にあい、心肺停止状態になりました。一命は取り留めたものの、重度の後遺症が残ったのです。

　ドクターは、「脳がかなり委縮している。おそらく目は見えていないだろう。けれど耳は聞こえているようだし、足や手を動かした時の痛みは感じているようだ。ただ随意運動はなく、意識もはっきりしない状態である。脳のダメージを受けた部分が復活することはないが、他の部分でどの程度補い、機能が回復するかは、若いので未知数である。」と話していました。

　私がそんなAさんと出会ったのは事故から2ヶ月半立った秋頃で、訪問学級の担任として出会いました。病室に赴き、ベットに寝ているAさんの耳元で、大きな声で「Aさん、こんにちは。」と話しかけると、確かに「ピクッ」と反応してくれます。「ずっと寝たままの状態なので、大人がストレッチをしている。」と聞き、早速、私も足のストレッチをさせてもらうことから始めました。確かにある一定範囲以上に足を延ばすと、Aさんは泣くような表情になりました。

　この子との学習を今後どのように組み立てていくのがよいだろうか、と不安をいだきつつもアプローチ法を考えました。

アプローチ ① 「お菓子の空き袋」を教材にする

「とにかくＡさんの反応するものを探らなくては…。」と考えた私は，Ａさんの病室にお菓子の空き袋を持ち込みました。「においを感じ取ってくれるのではないか。」と考えたからです。

とにかく頭に浮かんだことを試しました。実際にＡさんの鼻にお菓子の空き袋を近づけると，Ａさんの眼球がスーッと右上に動きました。一瞬発作かと思いましたが，どうやら何かを感じ取っているようでした。

それからというもの，毎回種類の違うお菓子の袋を持って病室へ授業に向かうのが日課になりました。

アプローチ ② いろいろな感触の物を触らせる

「聴覚，嗅覚以外での働きかけは何か？」と考え思いついたのが，触覚への働きかけでした。クーラーバックに氷を詰め込んでいったり，絵の具や紙粘土，スライムなどを持っていったり，葉っぱや花を持ち込んだりして，感覚があるのかどうかすらはっきりとしない手に色々な物を触らせてみました。

自発的には全く動かない手でした。しかしながら，これらを触らせてみると，足先が「ピクン，ピクン」と動いていることに気がつきました。これは，手に物を持たせたことに対する応答なのか，それとも手に物を持たせたこととは関係なく不随意に動いているだけなのか，判断はつきませんでした。

アプローチ ③ 病室で「餃子」を作る

先の２つのアプローチから手の触覚反応ははっきりしないけれども，嗅覚に対するＡさんの応答は確実であることがわかりました。そこで，毎回お菓子というのも飽きるかと思い，Ａさんの手に残るくらいの強いにおいの物はないかと考えて「餃子」を作りました。

その作業の工程では，キャベツを触らせてみたり，ニラを触らせてみたりもしました。さらに，ニラとキャベツをジューサーにかけ，ニラキャベツジュースも作りました。病室には何とも強烈なにおいがただよいます。Ａさんは確実に何かを感じているようでした。その後，ニラキャベツジュースを絞り，肉と混ぜて餃子の餡を作りました。そして，その手を鼻近くに持っていくとＡさんは口をもぐもぐするようなしぐさもみせたのです。

アプローチ 4　スイッチ教材で動きを探る

　　聴覚・嗅覚・触覚でアプローチしている際に起こった，Ａさんの「ピクンピクン」と動く足先がとても気になりました。一見すると反射と呼ばれるような動きでしたが「この足先の小さな動きをとらえて関わっていくことにより，意図的なやりとりができるようになるかもしれない。」というかすかな期待を持ちました。

　そこで，ゲームスイッチを用意し，足の指先近くに持っていきました。スイッチで操作するものとして「チャイム」「音声メモ」などの聴覚刺激，「マッサージャー」「扇風機」「ドライヤー」などの触覚刺激，「自転車ライト」「パトカーランプ」「カメラのフラッシュ」などの視覚刺激を用意して，接続しました。

　この中で，一番反応が良かったのがお父さんの「Ａくん」と呼ぶ声が録音された音声メモでした。この教材では，「ピクン」という足の動きが，いつもより多くなったのです。これをきっかけに，私は「反射と呼ばれるような動きでなく，私の働きかけに対するＡ君の意思を示した行動ではないか？」と思い始めました。

ゲームスイッチ

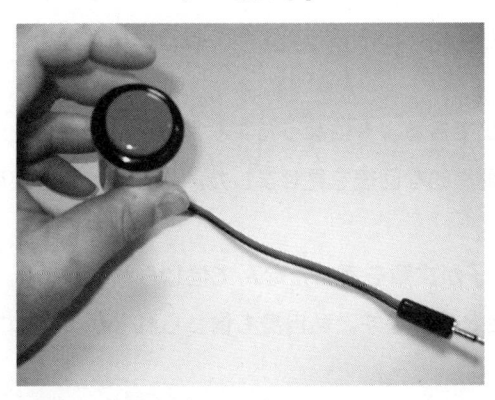

色々なマッサージャー

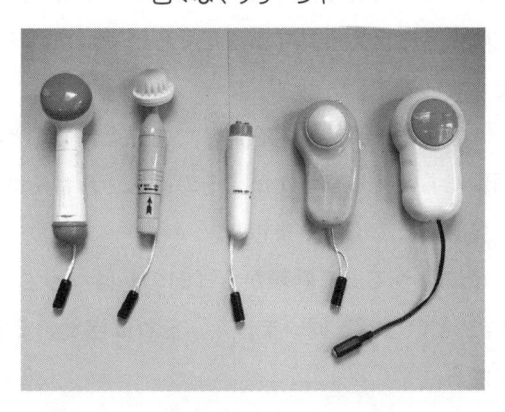

色々なチャイム・音声メモ

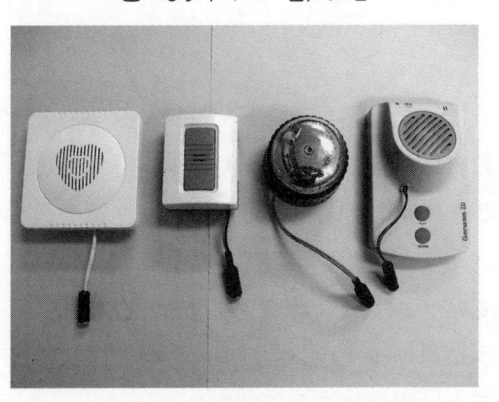

色々な自転車ライト・懐中電灯

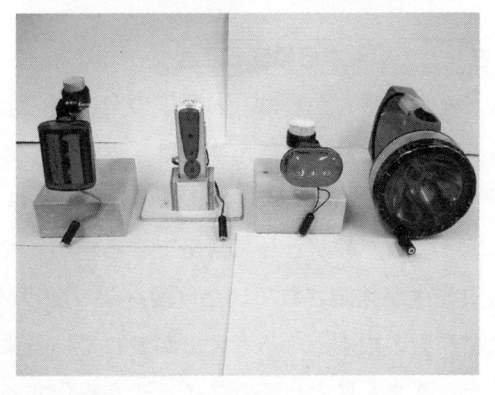

嬉しかった！瞬間

　その後，Ａさんの様子に変化が表れました。１つは，Ａさんが円形脱毛症になったことです。「意識があるかないか分からなかったＡさんが円形脱毛症になるなんて…。」と私は驚きました。そしてさらに，「もしかしたらＡさんは表出手段がないだけで，意識があるのかもしれない。」と思う出来事でした。

　もう１つは，それと時期を同じくして，Ａさんがクラスメートからの励ましのテープを聞き，涙を流したということでした。そんな感情がＡさんに残っていたことに私は驚きました。

　Ａさんの「円形脱毛症」や「涙」は，周りで接する大人にとってはうれしい出来事でした。

　そして私は，「駄目でもいいから…。」と，冒険してみることにしました。パソコン上で五十音表を読みあげて，マウスのクリックで文字を選ぶ２スイッチワープロというソフト（国学院大学教授・柴田保之先生作成）を用意し，ゲームスイッチでマウスのクリックができるように改良して，活用してみました。

　すると，Ａさんの足はとてもよく動きました。足で反応があった文字をつなげてみると，それが文章にもなっています。あまりにも衝撃的で，「子どもが動けないのをいいことに，うそのやりとりを作り上げているのではないか。」と疑われるのをおそれて，すぐには保護者，病院関係者に伝えられなかったくらいでした。それくらい，Ａさんが文章を打ち出したのが驚きだったのです。

　Ａさんが確実に文字を選び，文章を作ることができるようになった１ヶ月後，このことをご両親にお伝えしましたが，その後も，Ａさんは驚異的な回復を見せました。話しかけると笑顔を見せるまでになりました。

　後になって，ご両親から「あの時は，うちの子が文章を書いたなんて信じられなかったです。」という話を伺いました。それは当然のことと思います。私自身も信じられなかったのですから。

Ａさんとの事例から学べること

　Ａさんとの学習からは，お菓子の空き袋のように，たとえゴミとして捨ててしまう物でも，上手く「やりとり」に活用すれば，素晴らしい教材になることが分かります。

　「教材は自作するのが最も素晴らしい」わけではありません。私たちの日常生活を改めて見直してみると，教材として活用できる物がたくさん転がっているのではないでしょうか。

　水口先生が強調されていた「*教材は『使う人の心』次第で，素晴らしい教材になる。*」という教材作製の根本となる考え方が表れているように思います。

　また，Ａさんにとって，スイッチを操作することは容易なことではありません。

肢体不自由特別支援学校に通う子どもたちの中には，Aさんのように，何をすればよいかを「理解してはいる」ものの，思うように体が動かず「自分ではできない」という子どもたちが多くいるように思います。
　このような子どもたちに対し，「どこまで自分で操作をすることを求めていくか？」は難しい問題です。1つ間違って補助しすぎると，教師が子どもの手を取って，操り人形のように子どもを操ることになりかねません。この点は悩むところですが，最重度の状態にあったAさんは，「自分で動かしたい」「自分で表現したい」という意思を表してくれました。どのような重度の子どもにも，自分で動きたい，自分で動かしてみたい，自力で表現したいという意思があることを心にとめておきたいと思います。

心に響く水口先生の言葉 1

　どんなに重度な子だって，運動を自発したいんだよ。僕は，どんな重度の障害のある子に対してでも手や足，体のどこか一部で動きそうなところを探して，そこにアプローチするんだ。

　まずは，触ること。心をこめて触るんだ。そういう子は，触り方一つで触った人は優しい人なのか，そうでないのか判断できるくらい敏感だと思うよ。

　ある日，訓練の先生から「緊張を利用して動かすと，よくない動きが増すからやめてくれ」なんて言われたこともあったね。でも，全身を緊張させてでも必死で動こうとするからね。それだけ動きたいんだよ。

　　最重度の子どもへのアプローチは，聴覚刺激や視覚刺激が中心になりがちです。そこで水口先生に「最重度の子だと，腕や足が動かない子だっていますよね。そんな時は，どうするのですか？」と質問した時の解答が上記なのです。あまり断言するような言い方をしない水口先生がこの時ばかりは，断言的な言い方をされたので，特に印象に残っていました。

2　シート1段階の子どもに対する教材の工夫

～相手の働きかけに応じて物をつかんだり，放したりすることを目標とする段階～

> **事例2**　相手のタイミングに合わせて物をつかんだり，放したりすることを目指した
> Bさんへのアプローチ

子どもの実態

　　Bさんは肢体不自由と知的障害，聴覚障害を併せ持つ小学4年生の女の子です。両足に麻痺はありますが，座位姿勢は安定していて自力で車椅子への乗り降りができます。聴覚障害の程度は，通常の話し声では，音がしていることが分からないくらいです。新版K式発達検査での発達年齢（認知・適応領域）は0歳5ケ月です。

　　キラキラする素材や鏡，メガネなどに興味があり，ほしい物があると這って移動し，手に取ることができます。しかしながら興味のない物に対しては，提示しても全く反応を示さず，手に取ろうとはしません。手に握らせても，すぐに下に落としてしまいます。人とやりとりをして楽しいというよりは，自分が好きな物を手にして遊ぶことが楽しいという様子なのです。

　　そんなBさんに対して，物を相手に渡したり，物を相手から受け取ったりする「やりとり」の楽しさを感じるようになってほしいと思いました。そして，「提示されたものが，Bさんにとって興味深い物でなくても，手に取ってくれること」および「好きな物を手にしている時でも，相手に促されればそれに応じて放してくれること」を目標として教材を工夫し，学習に取り組みました。

Bさんの水口・大高教材アセスメント結果

シート1…相手の働きかけに応じて物をつかんだり，放したりすることを目標とする段階

課題の写真	評価
	<u>1　お盆に置かれた筒を取る</u>　[○] 机上に置いたのではお盆や筒に視線がいかない。 そこで，お盆（筒）を視線の先に提示した。 一瞬お盆（筒）に視線を向けるが，すぐ他に視線が移る。 お盆（筒）に手を伸ばさない。
	<u>2　手渡された玉をゴミ箱の上で放す</u>　[○] 玉を手に握らせる時，そのまま握ってくれる時もあれば，握らずに落としてしまう時もある。 握った時，手元にゴミ箱を近づけても，それに応じて玉を放すことはなく，自分のタイミングで放す。
	<u>3　棒に通された筒を抜き取る</u>　[×] 自分から筒に向かって手を伸ばさない。 そこで，手を取って筒を握らせると，多少上下に筒を動かすことはできた。
	<u>4　手渡された玉を穴に入れる</u>　[×] <u>2　手渡された玉をゴミ箱の上で放す</u>と同様に握った玉は自分のタイミングで放す。 穴に向かって玉を持ってくる姿勢はない。
	<u>5　お盆に置いてある玉を取り，筒に入れる</u>　[×] お盆に置いてある玉に手が伸びない。
	<u>6　玉を取り，筒に入れる動作を繰り返す</u>　[×] お盆に置いてある玉に手が伸びない。

アプローチ 1　工夫して取る課題

　まず取り組んだのは，Bさんの好きな物を色々な箱，容器，袋等から取り出す課題です。少し取りにくくても，工夫して取り出してほしいと思って設定しました。

　取り出す物が本人にとって興味をひく物かどうかが，このアプローチで最も重要なところだったのですが，それだけではなく，箱の大きさや形，容器の中が透けて見えるかなど，少しの違いで取り出せたり，取り出せなかったりしました。

★眼鏡立てから眼鏡を取り出す

一部が見えている　　　　端だけ見えている　　　　　　　　　　　　　　　　見えていない

眼鏡が少しでも見えていれば，取り出すことができるが，眼鏡が箱の中にすべて入り込み，見えなくなっていると取り出せない。

★筒からペットボトルマラカスを取り出す

一部が見えている　　　　　　　　　　　　　　　透明容器　　　　見えていない

たとえ見えていたとしても，容器の奥まで手を突っ込んで取らなくてはいけないことにひっかかって取ることができない。

★袋からキラキラチェーンを取り出す

紙袋　　　　　　　　　　　　　　　　半透明ビニール袋　　　　透明ビニール袋

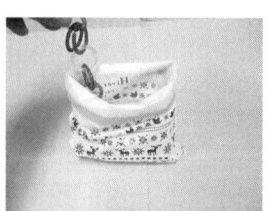

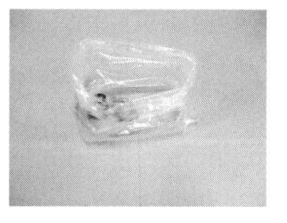

ビニール袋だと袋をいじり，チェーンを取り出せない。

アプローチ ❷　蓋をあけて取り出す教材の工夫

　Bさんは，アプローチ1で掲載した教材以外にも，色々な素材の教材で，取る課題に取り組みました。そして，好きな物が容器の中に全部入っていて見えない状態からでも，取り出すことができるようになってきました。

　そこで，箱に蓋を付け，「蓋をあける」→「取り出す」という2つの動作を連続して行う課題に取り組みました。

つまみ付きの蓋と透明容器 
100円ショップで購入した容器の蓋に穴をあけ，つまみを取りつける

つまみなしの蓋と透明容器 
バドミントンのシャトルが入っていた容器を切って使用する

つまみなしの透明な蓋 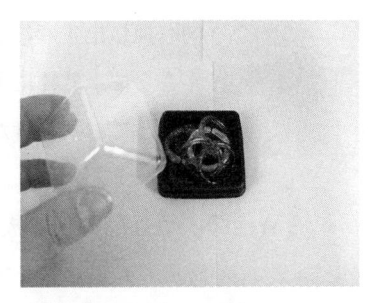
和菓子が入っていた容器をそのまま使用する

持ち手つきの蓋

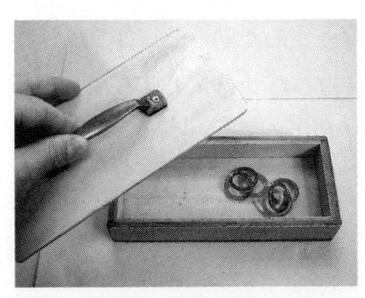

つまみ付きの蓋

つまみなしの蓋

蝶番で固定された蓋

スライド式の蓋

引き出し

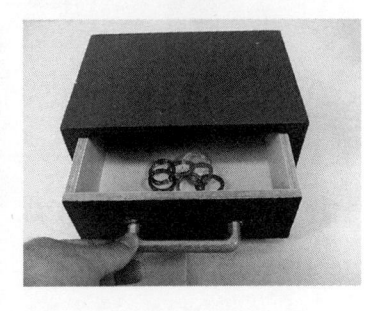

第2章　一人ひとりに合わせた教材の工夫

| アプローチ ❸ | リング抜き教材の工夫 |

箱の蓋あけ教材と並行して，リング抜き（棒に通されたリングを棒に沿って滑らせて抜き取る）課題に挑戦しました。

この教材は，芯棒の長さにより始点（スタート地点）と終点（ゴール地点）の距離に違いが出てくるので，芯棒が長くなればなるほど難しい課題となります。

また，提示する方向によっても難易度が変わってきます。「奥方向」や「利き手と反対側」に抜く課題は「手前方向」や「利き手方向」に抜く課題に比べて難しくなるのです。（例えば「奥方向」は自分の方向に引くのでなく，自分から離れる方向へ押し出す形になるからで難しいのです。）

さらに，芯棒に通されるものが，リングなのか，筒なのか，穴あきの玉なのか等によっても難易度が変わってきます。

★どのような形の物が抜き取りやすいのか？

Bさんは「筒」であれば，手のひらで握って抜き取ることができました。しかし，「リング」や「穴あき木玉」は抜き取ることができませんでした。「リング」では，リング全体をつかみ，手前に強引に引っ張ってしまいました。また，「穴あき木の玉」では，芯棒に通したまま木玉をくるくる回して遊び始めてしまいました。

Bさんはそれぞれの形状の違いに応じて，自分がイメージした動きをしたのかもしれません。「筒」の長さにもよりますが，手のひらで握ったサイズよりも長さのある筒であれば，棒に沿って動かすイメージが持ちやすいようでした。

筒を抜き取る

リングを抜き取る

穴あき木玉を抜き取る

→筒を手のひらで握り，上方向に動かして抜くことができた

→リングをつかみ，手前方向に強引に引っぱり，結局，抜くことができなかった

→玉をくるくる回してしまい，抜くことができなかった

★芯棒の長さがどれくらいまでなら抜けるのか？

　　Bさんは,「水口・大高教材アセスメント」の**3　棒に通された筒を抜き取る**ができませんでした。けれども, 前頁掲載の筒抜きならばうまく筒を抜き取ることができました。これらの教材の違いは, 芯棒の長さにあります。芯棒が長いと抜くことができず, 短いと抜くことができたのです。Bさんにとって, どの程度の長さだと難しくなるのかを知るため, 色々な長さの芯棒を用意してみました。

　　その結果, 筒の長さ（5cm程度）よりも, 数cm程度長い芯棒であれば抜くことができることが分かりました。

長さA　25cm　　　　　　　長さB　12cm　　　　　　　長さC　6cm

→抜くことができなかった　　→抜くことができなかった　　→抜くことができた

★どの方向に抜くのが簡単か？

　　Bさんは右利きのため, 物を渡すとすぐに右手が出てきます。そのため,「奥方向」「左方向」よりも「右方向」・「手前方向」に抜くことが簡単ではないか, と考えました。けれども,「右方向」・「手前方向」であっても, 筒を少し動かすだけで, ゴールまで動かしきる前に元に戻してしまい, 抜くことができませんでした。そこで, 右斜め手前方向にしてみたところ, この角度ならば抜き取ることができたのです。

右方向　　　　　　　　　　手前方向　　　　　　　　　右斜め手前方向

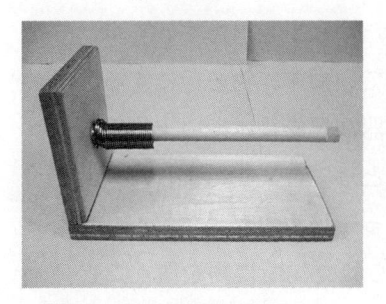

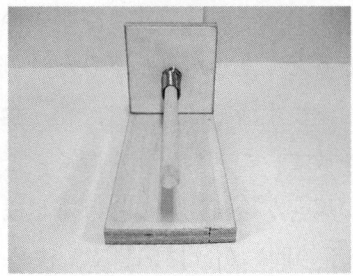

→抜くことができなかった　　→抜くことができなかった　　→抜くことができた

嬉しかった！瞬間

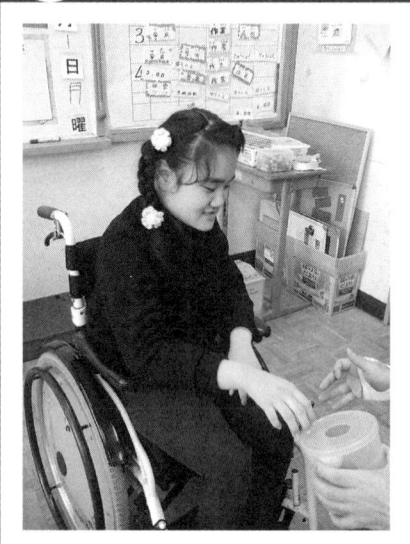

　Bさんと，色々な方法で物を取る学習を行った結果，Bさんは興味のない物でも，私の働きかけに応じて，手を伸ばし，物を取ってくれるようになってきました。リング抜き課題では，すんなりと抜けなくても，何度か試行錯誤して筒を芯棒の先端まで動かし，抜き取ろうとする姿も見られるようになってきました。

　そのような行動が見られるようになったのと並行して，興味のない物を持たされた時でも10秒程度保持していられるようになってきました。そして，私がゴミ箱をBさんの手元に持っていくと，そのタイミングで放すこともできるようになってきたのです。

　このことから私は，少しずつだけれども，こちらの意図をくみ取ってくれるようになってきたと感じ始めていました。

　そんなある日，リング抜き課題ができた時に「よくできたね」「上手だったね」という気持ちで，手を差し出して握手をしながらほめると，Bさんが初めて笑ってくれたのです。以前は，ほめても素知らぬ顔をしていたのが，ほめられたことに喜びを感じてくれたのです。この時の笑顔は今でも心に残っています。その後，Bさんは「入れる」課題にも積極的に取り組むようになり，今では課題ができるたびに嬉しそうな笑顔を見せてくれるようになりました。

事例3 相手の問いかけに応じて，決められた場所に物を置くことを目指したCさんへのアプローチ

子どもの実態

　Cさんはダウン症の小学6年生の女子児童です。膝が悪いため片足を引きずって歩いています。階段も一段ずつ足をそろえて上ったり，下りたりしています。物を手にすると，ほとんどの物を投げてしまい，学校生活では上履き，鞄，食器などを投げています。教員が肘や手首を介助すれば「物を放す」ことや「物を置く」ことはできます。まれに一人でできる時もありますが，多くの場合が後ろに放り投げてしまっています。

　そんなCさんに対して，「相手の問いかけに応じて，決められた場所に物を置くこと」を目標としたアプローチを行いました。その目標を達成するために，まずは「いろいろな物をいろいろな方法で取ること，いろいろな物を投げること」から始めました。

Cさんの水口・大高教材アセスメント結果

シート1…相手の働きかけに応じて物をつかんだり，放したりすることを目標とする段階

課題の写真	評価
	1　お盆に置かれた筒を取る［○］ 机上に置かれたお盆に筒をのせると，すぐに筒に向かって手を伸ばし，取ることができる。 （手に取った筒は後ろに投げる。）
	2　手渡された玉をゴミ箱の上で放す［×］ 教員が玉をさし出せば，自分から玉を取ることができる。 手にした玉はそのまま後ろに投げる。
	3　棒に通された筒を抜き取る［○］ 人差し指，中指，親指で筒をつまむことができる。 芯棒に沿って，すんなりと筒を抜くことができる。 （抜き取った筒は後ろに投げる。）
	4　手渡された玉を穴に入れる［×］ 2　手渡された玉をゴミ箱の上で放すと同様。
	5　お盆に置いてある玉を取り，筒に入れる［×］ 2　手渡された玉をゴミ箱の上で放すと同様。
	6　玉を取り，筒に入れる動作を繰り返す［×］ 2　手渡された玉をゴミ箱の上で放すと同様。

第2章　一人ひとりに合わせた教材の工夫

心に響く水口先生の言葉 2

物を入れさせたかったら、物をたくさん取らせることから始めるといいよ。たくさん取れば、自然と入れたくなるんだよ。

　私が「物をつかんだらすぐ投げてしまう子を担任していて、困っています。なんとか物投げをやめさせたいんですけれど…。」と相談した時の返答でした。こちらが「やめさせたい」と相談しているのに「その行為を満足いくまでやらせた方がいい。」という驚きの返答だったのです。

　しかし、その言葉の通りに実践を始めてみると、Ｃさんほか物投げを得意とする他の子どもたちは、どんどん成長していったのです！

嬉しかった！瞬間

　Cさんとの学習で最初に用意したのは、入学式で装飾に使ったお花（紙製）でした。「紙なら他の子どもにあたっても危なくないし、投げても遠くまで飛ばないので回収しやすい。」と思ったからです。

　100円ショップで買ってきたゴミ箱に山盛りにお花を入れ、Cさんの前に提示すると、Cさんは何回も何回も、繰り返しお花を投げて喜んでいました。そして全部投げ終わると「もっとくれ。」と訴えるような表情で私に空になったゴミ箱を差し出しました。私は「待っていてね。」と言って、お花を回収してまわりました。回収している最中、Cさんは私の様子を喜んで見ていました。そんな様子を見て、私は、もっと違ったやりとりも成り立つのではないか、と感じました。

　そこで、Cさんが投げたお花を私がキャッチしてみることにしました。「花をこちらがキャッチしてしまったら、花を投げたいCさんは不満に思うかな？」という気持ちもよぎりましたが、実際にやってみると、これがヒットしました。Cさんはキャッチされないようにわざと左右に投げ分けるようになったのです。後で分かったことですが、Cさんは「キャッチされないように」というよりは、私が左右に必死に動き回るのが楽しかったようでした。Cさんが投げた方向に私が走っていく…自分で私を操作しているような感覚が楽しかったのです。

　そんなやりとりを楽しむようになってしばらくした時です。私がキャッチできなかったお花をCさんの前に集め、ゴミ箱を前に置くと、なんとCさんがゴミ箱の中にお花を全部入れてくれたのです。私はここで、水口先生のおっしゃっていた *「たくさん取れば、自然と入れたくなるんだよ。」* という言葉の意味を実感しました。Cさんは、次に自分が投げるために、お花をゴミ箱に入れました。自分自身で「入れる意味」を見つけだしたのです。

　その後Cさんの物投げ行動も減っていきました。そしてそれと同時に「玉入れ」教材が大好きになり、「入れる」という行動に積極的になっていったのです。

| アプローチ **1** | 玉入れ教材 ―繰り返し入れることの楽しさ― |

　「玉入れ」が大好きになったCさんは,入れた後の玉の行方をよく見ていました。そこで,玉を入れた後,追視ができるような教材を工夫しました。

　Cさんはアクリル筒への玉入れが好きでした。アクリル筒に玉を入れるたびに声を上げて大喜びするのです。一緒に担任をしていた教員が「玉入れがなぜこんなに面白いんだろう?」と不思議がるくらいでした。

アクリル筒への玉入れ

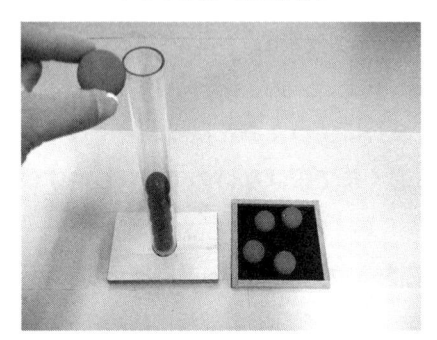

玉を入れると坂道を転がる　No.1

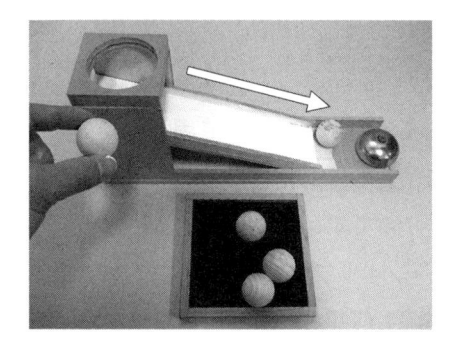

蓋部分に筒を付けた容器への玉入れ

玉を入れると坂道を転がる　No.2

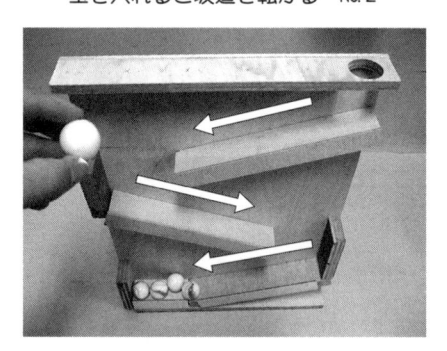

蓋部分に穴をあけた容器への玉入れ

玉が横から転がって出てくる

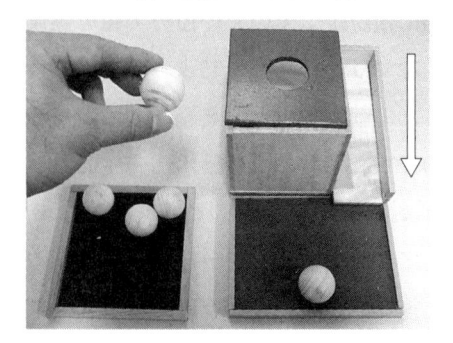

アプローチ ❷ 棒入れ・コイン入れ教材 ―方向調整をして入れる No.1―

　「玉入れ」教材を用いての学習が進み，物投げがなくなってきていました。それに伴ない「自動販売機でジュースを買う課題」に挑戦をしました。けれど，穴付近での方向調整がうまくいかず，お金を販売機に入れることができませんでした。そこで「方向調整をして入れる」課題を取り上げました。いきなり，「コイン入れ」教材をやってもできなかったので，段階を踏むことにしたのです。最初は，穴よりも少し大きいボールを用意し，押しこんで入れる課題から行いました（障害児基礎教育研究会会員　加部清子先生考案）。穴付近に注目することに役立つ教材でした。

　次に「丸棒入れ」にチャレンジしました。棒は横や斜めにして穴付近に持っていくだけでは入らず，穴付近で垂直方向に直す必要があります。そのため，最初はうまくいきませんでしたが，すぐに方向調節する感覚がつかめました。

　苦労したのが四角い棒を入れる教材です。棒を垂直に立てて入れる感覚は「丸棒入れ」教材でつかんだものの，形に合わせて方向調整することが難しかったのです。それでも，「□や△のはめ板」教材で方向調整ができるようになるのと同時期に四角い棒入れ教材もできるようになり，「コイン入れ」教材につなぐことができました。

玉押し込み（加部先生考案）

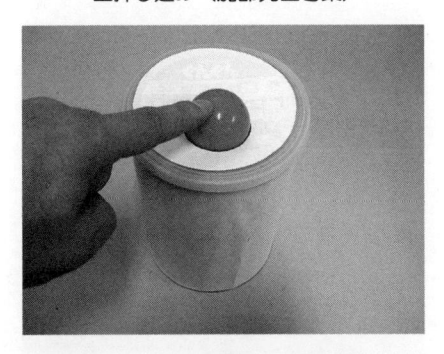

丸棒入れ

四角棒入れ

コイン入れ

第2章　一人ひとりに合わせた教材の工夫

アプローチ ❸ 形のはめ板教材 ―方向を調節して入れる No.2―

　Cさんは、「四角棒入れ」教材でつまずきました。そこで「三角と四角のはめ板」教材を行いました。最初は三角と四角の2辺に壁を設けて、入りやすいように工夫しました。次に1辺のみ壁がある教材で学習しました。これにより「角を合わせる」感覚が理解できたようで、壁がない三角と四角のはめ板教材もできるようになりました。そして、三角や四角の型を連続して入れる課題にも意欲的に取り組むようになりました。そして、この課題ができるようになったのと時期を同じくして「四角棒入れ」教材もできるようになったのです。

2辺に壁がある△はめ板　　　　　　　2辺に壁がある□はめ板

1辺に壁がある△はめ板 　　　　　　　1辺に壁がある□はめ板

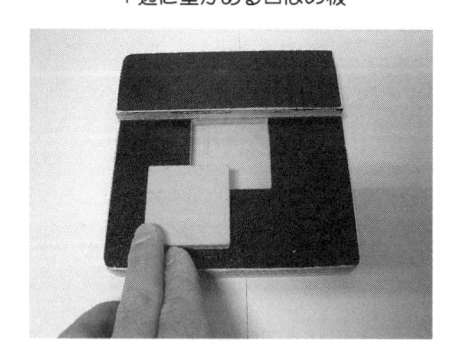

△はめ板 　　　　　　　　　　　　　　□はめ板

42

| アプローチ ④ 実物を入れる枠の活用 |

　手に持った教材の方向調整が上手になったCさんは,「棒さし」教材「はめ板」教材といった枠に合わせて入れる教材が大好きになりました。それに伴って日常生活での物投げも減ってきましたが, まだ, ふとした瞬間に投げてしまうことがありました。

　そこで作成したのが実物を入れる枠でした。最初は写真の上に置くようにしましたが, うまくいきませんでした。それを枠に変更すると, 全く投げることがなくなったのです。投げるよりも, 枠に合わせて入れることの方が楽しくなったようでした。

　実物写真と枠, 小さな違いのようですが, 子どもの行動を大きく変えました。

上履きを入れる枠

カバンを置く枠

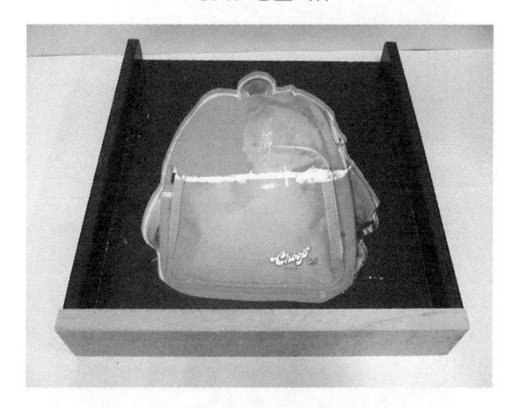

給食時コップを置く枠

朝の準備の設定

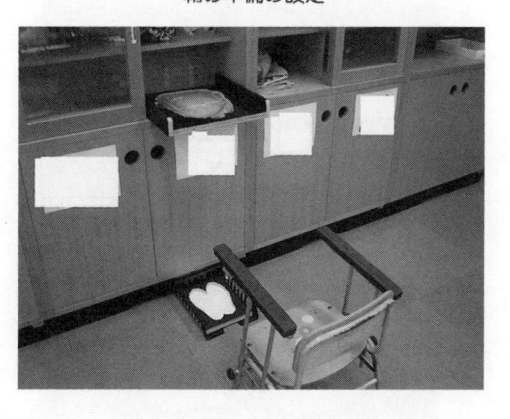

第2章　一人ひとりに合わせた教材の工夫

アプローチ ⑤ プレートさし教材 ―弁別へつなぐために2本の棒を見比べる―

　方向を調節して入れることができるようになったCさんの次の目標は弁別でした。Cさんは1つの場所に繰り返し入れることを好み、2つを見比べることが上手にできなかったのです。そこで、2つの点を意識できるようになるための教材を工夫しました。その1つが穴あきプレートを芯棒にさしていく教材で、下記のような段階を設けて行いました。

1本の芯棒に繰り返しさす

1本がいっぱいになったら隣に移る

隣同志を意識してさす

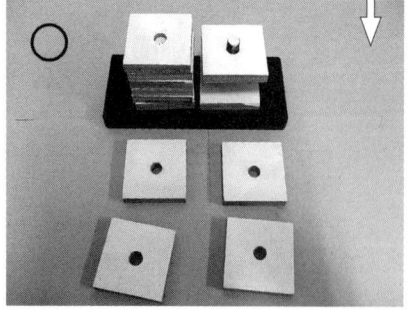

2つの穴を同時に意識してさす

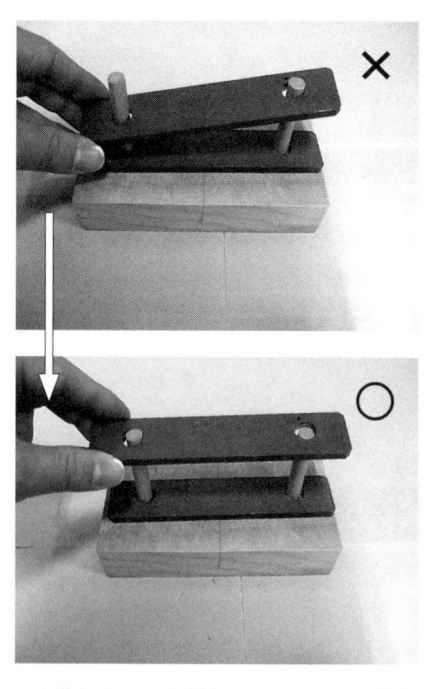

→隣同士が近いため、片方を斜めに通すと、もう片方にぶつかり、通せなくなる

→1枚に2つの穴があいているので、平行にしなければつかえてしまう

| アプローチ 6 | 両手を使うことを促す教材 |

　Cさんは，常に左手をズボンの中にしまっていました。そのため，学習をする時は，たいてい右手だけで行います。無理やり左手に持たせるのも気が引けたため，両手を使わないとうまくできない教材を考えました。両手を使った方が，色々なことがやりやすいという感覚を自発的につかんでもらいたかったのです。

土台が円柱の棒さし
（障害児基礎教育研究会会員小畑政行先生考案）

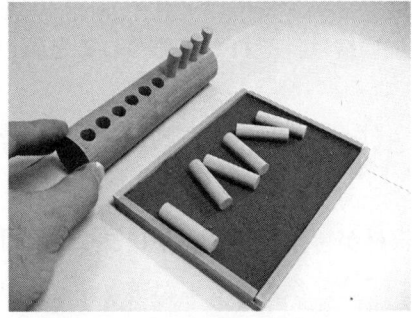

回転式鉛筆キャップはめ

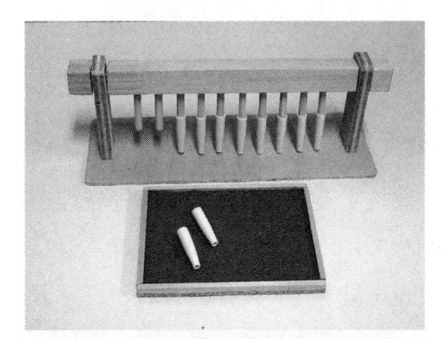

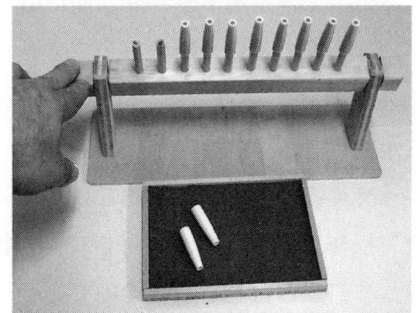

→土台を抑えていないと，穴が下を向いてしまい，さしにくくなる

→土台を抑えていないと，鉛筆部分が下を向いてしまい，キャップがさしにくくなる

両手で押し出すスライディングブロック（机を台ふきんで拭くイメージ）

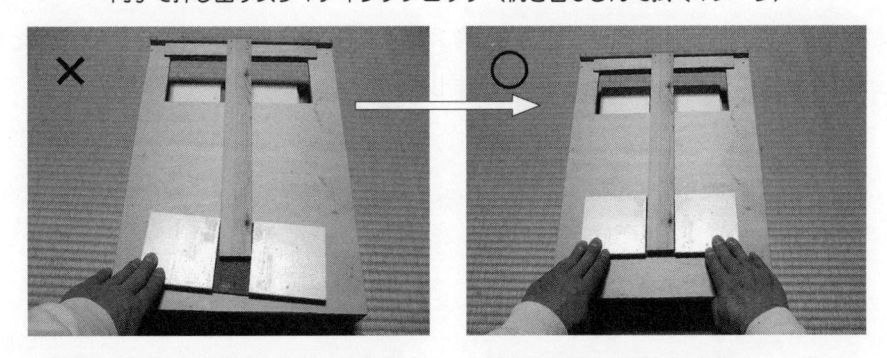

→片手だとブロックが斜めになり進まない

→両手で平行に滑らせると進む

第2章　一人ひとりに合わせた教材の工夫

3 シート2段階の子どもに対する教材の工夫

～物を弁別することを目標とする段階（枠を手掛かりにして）～

> **事例4** 相手のペースに合わせることを目指したDさんへのアプローチ

子どもの実態

　Dさんは自閉症の小学4年生の男児です。新版K式発達検査での発達年齢は認知・適応領域2歳0ヶ月，言語・社会領域0歳4ヶ月です。

　初めてDさんと接した時，「止まっていることが苦手で，動いていることで，気持ちが落ち着くんだな」という印象を受けました。

　それというのも，わずか朝の20分の様子を見ただけでも次の通りだからです。

　朝，登校すると，着替えや荷物整理を素早くこなし，自分で学習教材（初めて会った時は分割パズル）を10回，20回と繰り返します。その後，突然立ち上がってホワイトボードの予定表を破きだし，注意されると学習中の分割パズルに戻ります。2，3回やって，今度はマーカーでホワイトボード一面に殴り書き…注意されると，再び分割パズル…また立ちあがり，水道の水を全開に出して手から肘まで洗い続け，それも止められると再び分割パズル……。

　とにかく行動が早いのです。一般的に「多動」というのでしょう。しかし，必ず学習教材に戻ってくるところが印象的でした。

　自分で操作できる教材が大好きで，「棒さし」教材が特に大好きになりました。けれど，繰り返し教材で自習をしているので安心して見ていると，突然棒を「パキッ」と折り，太くて折れそうにない物でも歯でかみちぎり，「ボクはこの教材はもう満足した！」という気持ちを表すようでした。彼にとっての満足感は，突然やってくるようです。見えたものに向かって行動し，満足したら終わりにする…そんなDさんの行動パターンに寄り添いつつも，私という存在が介入していきたいと考え，まずは「1つの教材を1回やったら終わりにし，次の教材に移る」ことを目標としました。

Dさんの水口・大高教材アセスメント結果

シート2…物を弁別することを目標とする段階（枠を手掛かりにして）

課題の写真	評価
	7　3つの穴に棒をさす　[○] 右手で棒をつまみ，右から左へ順番に棒をさすことができる。左手は土台を押さえている。
	8　10本の棒をさす　[○] 10本になると端から順番に棒をささず，まん中付近からさしていく。 虫食い状態になるが残っている穴をさがして，すべての棒を探すことができる。
	9　大きさの弁別をする　[○] 小さい方の型を大きい穴に入れることもあるが，合わないことに自分で気付き，入れかえることができる。
	10　形の弁別をする　[○] すべての型を正しく入れることができる。
	11　色の弁別をする　[×] 色に関係なく，型が置かれている場所に一番近い穴に入れる。
	12　順番にさす　[×] まん中付近からさしていく。虫食い状態になるが，残っている穴を探してすべてをさすことができる。

第2章　一人ひとりに合わせた教材の工夫

| アプローチ 1 | 横に並べてさす教材のバリエーション　No.1　「棒さし」教材 |

　Dさんのお気に入りは「棒さし」教材です。教材アセスメントの**9　大きさを弁別する**の教材はできましたが、大きさにあまり差がない教材（太さ8mm棒と6mm棒など）だと混乱することがありました。そして、混乱すると離席してしまうため、最初は弁別なしで、横に並べていく教材で学習を行いました。Dさんは45分間の学習で100種類以上の「棒さし」教材をこなします。そのため、いろいろな素材を用いて200種以上の「棒さし」教材を作製しました。その中から、重さのある素材として電池・鉄を使用した教材を、柔らかい素材として消しゴムや縄跳びを使用した教材を本書に掲載しました。

棒状の消しゴム

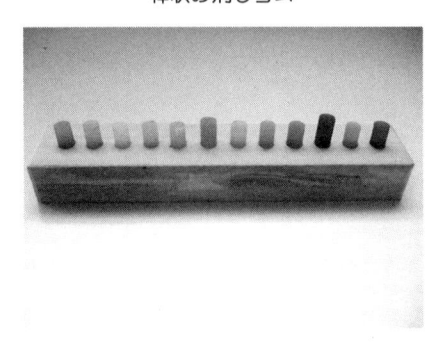

縄跳び

電池

鉄の棒

お菓子の空き容器

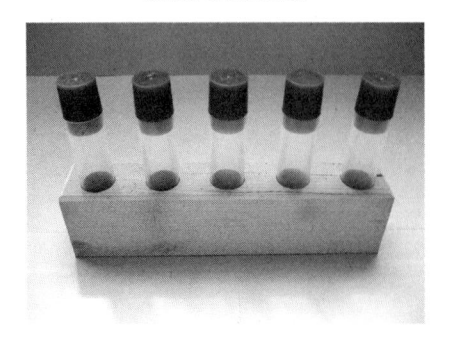

アクリル製マドラー

48

| アプローチ ❷ 横に並べてさす教材のバリエーション No.2 「リングさし」教材 |

「棒さし」教材の類似の教材として,「リングさし」教材を作製しました。この教材に関しても色々な素材を用いました。また,リング,筒,板状の物,球状の物など様々な形状の物を取り入れました。

穴あき木筒

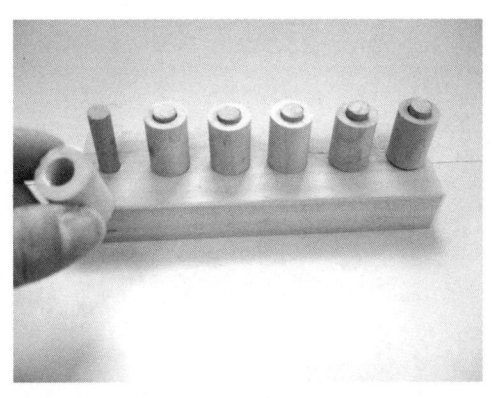

鉛筆グリップ

穴あきプレート

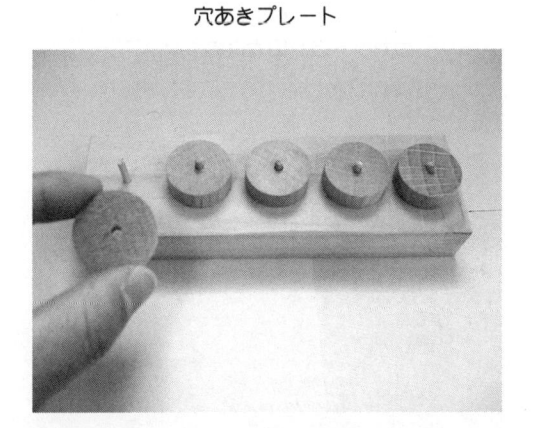

ヘアーゴム

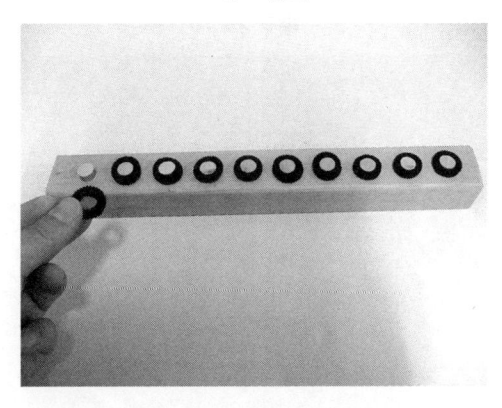

穴あき木玉

そろばん玉

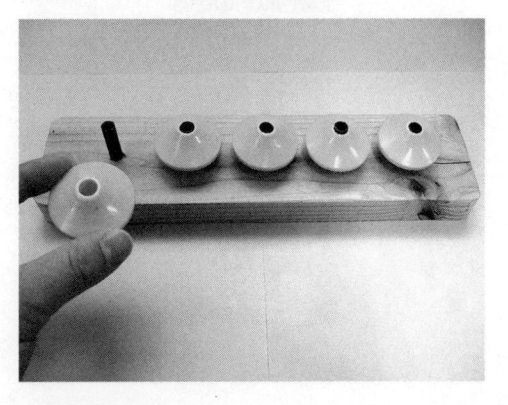

第2章 一人ひとりに合わせた教材の工夫 49

アプローチ ③ 横に並べてさす教材のバリエーション No.3 「キャップはめ」教材

「棒さし」教材の類似の教材として、「キャップはめ」教材を作製しました。「リングさし」教材との違いは、リングは穴が貫通していて、天と地がないのに対して、キャップは片側がふさがっていて天と地があることです。また、キャップは芯棒の上にかぶせるために、一瞬芯棒が見えなくなるという点でリングより難しくなります。この教材についても色々な素材を用いて作製しました。

鉛筆キャップ

椅子脚キャップ

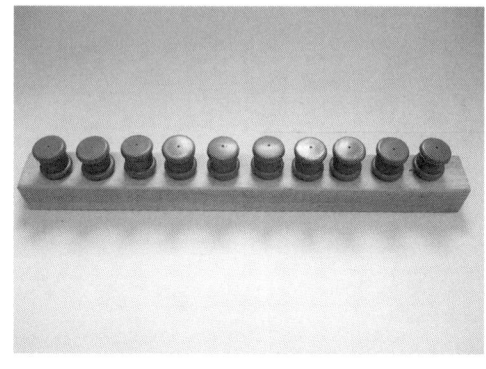

指サック

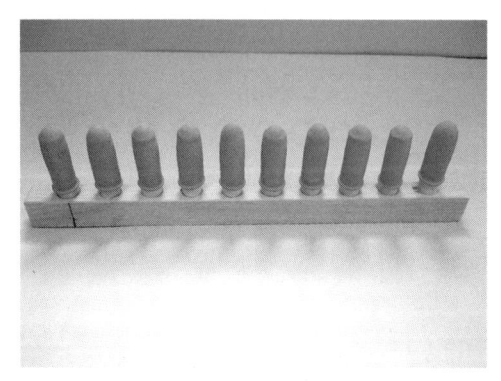

カセットコンロガスのキャップ

乳酸菌飲料の容器

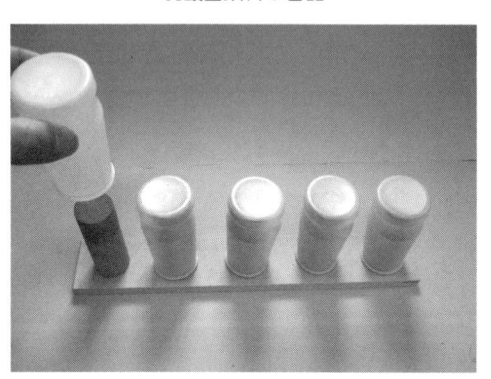

ヨーグルトカップ

アプローチ 4　カップ重ね＆カップ並べ教材

　横に並べる教材として，ゼリーやヨーグルトのカップも利用しました。まずは，カップを重ねていく課題を行い，次にカップを並べていく課題を行いました。Dさんには，カップを重ねていく印象が強く残ったようで，横に並べる課題の時にも，カップを重ねてしまうほどでした。

　そこで，カップに画用紙で蓋をして，カップが重ならないようにすると，カップを重ねず，横に並べることができました。また，再び，カップを並べる教材に戻っても，カップを重ねずに並べることができました。

カップを重ねる（上向き）　　　　　　　　カップを重ねる（下向き）

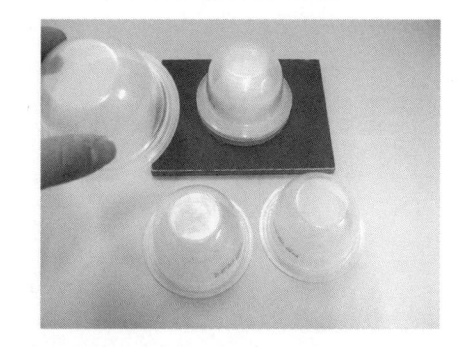

カップを横に並べる

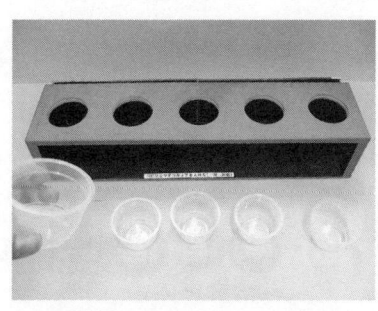

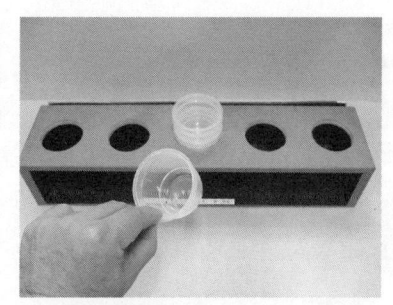

→カップを重ねてしまった

カップを横に並べる（カップに蓋をした）

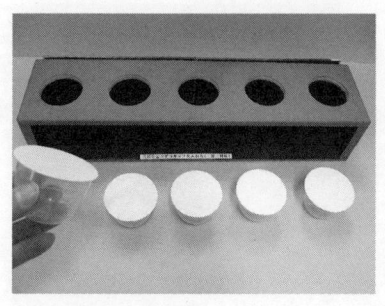

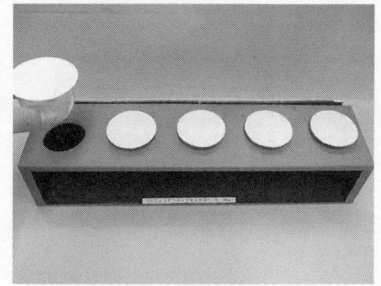

→横に並べることができた

第2章　一人ひとりに合わせた教材の工夫　51

アプローチ ⑤ 土台に合わせて，入れる方向を変える教材　No.1

横に並べてさす教材として「棒さし」教材，「リングさし」教材，「キャップはめ」教材，「ゼリーカップ」教材を紹介してきましたが，これらはすべて垂直方向にさして（入れて）いく教材です。そこで，その応用として，土台に合わせて，入れる物の方向を変える教材を考えました。

さまざまな物を作成しましたが，ここでは洗濯バサミやクリップで作製した教材を紹介します。

上からと手前からさす

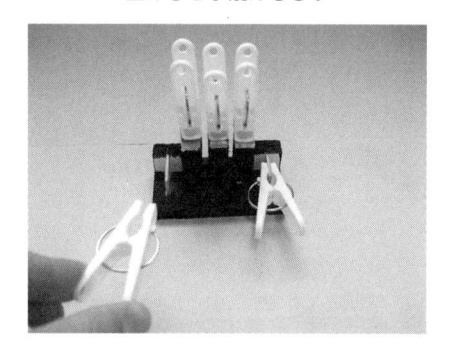

縦方向と横方向でさす

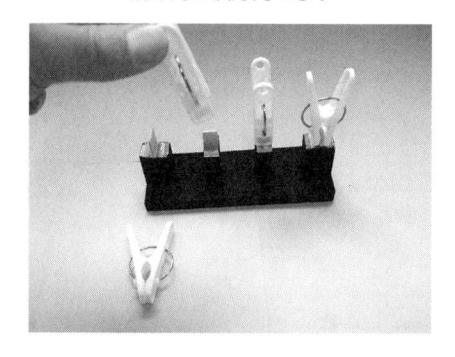

上方向・下方向からさす

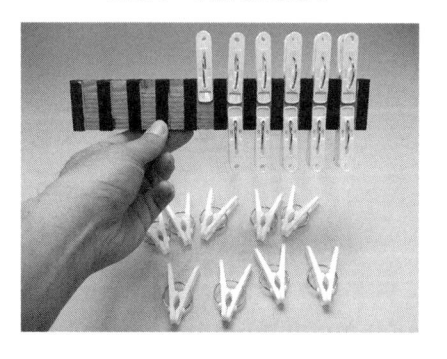

斜め方向にさす

左方向・右方向からからさす

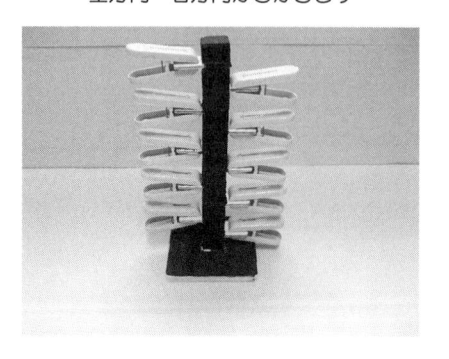

前後左右方向からさす

| アプローチ 6 | 土台に合わせて，入れる方向を変える教材　No.2 |

　土台に合わせて，入れる方向を変える教材として，MDケースや商品包装用の透明袋を活用しました。これらの教材は，土台に固定した板にケースや袋をかぶせるように作りました。固定する板の方向や角度を変えれば，いろいろなバリエーションの教材が作成できます。また，ブロックを溝に入れる教材も横方向や縦方向で作りました。

縦方向に固定した板にMDケースを入れる

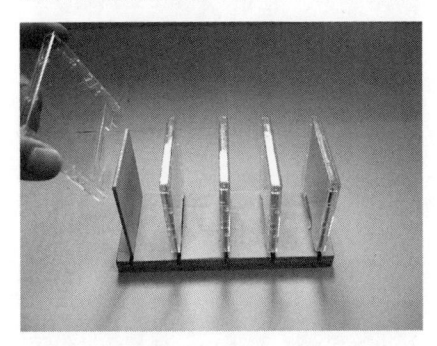

斜め方向に固定した板にMDケースを入れる

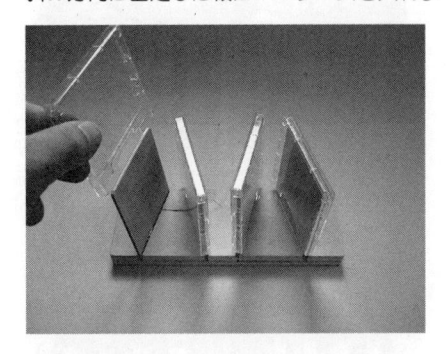

包装用透明袋を縦・横に固定された板にかぶせる

包装用透明袋を斜めに固定された板にかぶせる

ブロックを溝に通す（縦方向）

ブロックを溝に通す（横方向）

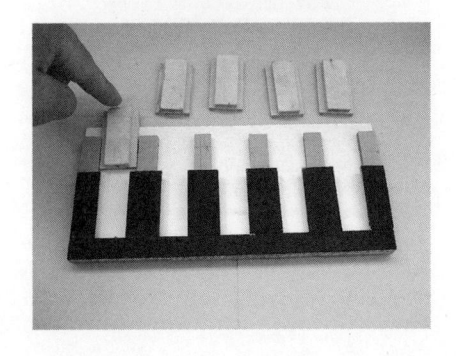

第2章　一人ひとりに合わせた教材の工夫　53

アプローチ 7　土台に合わせて，入れ方を変える教材

　土台に合わせて入れる方向を変える教材の類似教材として，方向を変えるだけではなく，入れ方そのものを変える教材を考えました。

棒をさす⇔棒を寝かせて置く

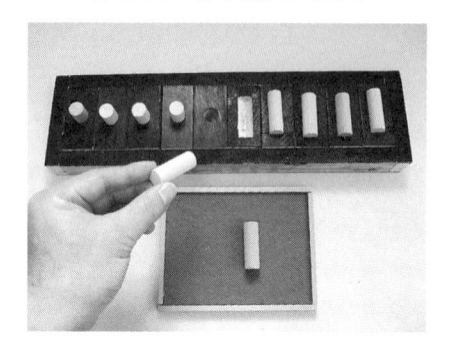

Ｓ字フックを穴にさす⇔溝にかける

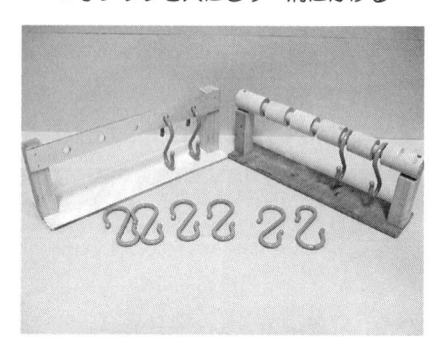

断面が長方形の棒を縦に置く
⇔横に置く

ピンセットを閉じて１つの穴にさす
⇔開いて２つの穴に指す

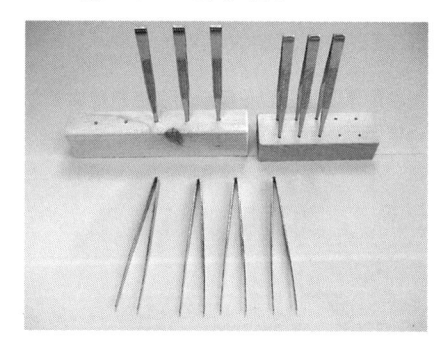

太さの違う棒を太い部分でさす
⇔細い部分でさす

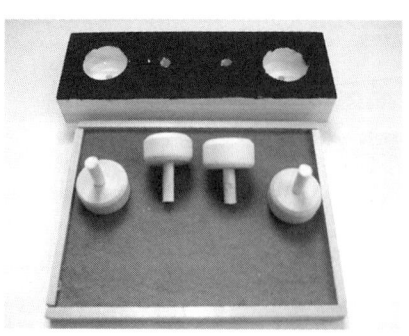

箸を２つずつの穴にさす
⇔箸箱に入れる

嬉しかった！瞬間

　当時は，国語・算数の時間に，Dさんと個別で学習していたわけではなく，私1人とDさんを含む子ども2人（時には3人）で学習をしていました。

　そのため，Dさんが1つの教材を1回終えたタイミングで，次の教材を提示できないことがほとんどだったのです。そんな時，Dさんは私の様子をうかがいながら同じ教材を2回，3回と繰り返し行っていました。私は申し訳ない気持ちで「ごめんね。」「すぐに次の教材を渡すからね。」「待っていてね。」と言葉をかけていました。時には，他の子とのやりとりに時間がかかり，Dさんが離席してしまうこともありました。

　毎日45分間の授業で行う教材の種類は100種類を超えました。どの教材も同じようなねらいで，素材や大きさが違うものです。私自身，教材を取り出しては手渡し，片付け，手渡し…の繰り返しです。その間に何とか「よくできたね。」と言葉をかけ，Dさんの手と私の手を打ち合わせるのが精一杯でした。

　そんな必死さを感じ取ってくれたのか？　ある日，Dさんは教材を1回終えると，いつものように2，3回繰り返すことなく，私が他の子に教材を提示している様子をじっと見ていました。そして，私がDさんの方に向くまで待っていたのです。「待っていてくれたの。ありがとう。」と手を差し出し「パチン」と手を打ち合わせてから，次の教材を提示するとDさんは再びその教材に向かいました。そして，その教材を1回行うとまた待って…。その日からDさんは教材を1回行うと，私と手を「パチン」と打ち合わせるまで待つようになったのです。

　Dさんのスピードに合わせて必死で，素早く教材の提示と片付けを繰り返していた私にも，「ふっと」落ち着ける瞬間をDさんがくれました。

　それからというもの，私にもDさんにも学習をする時のゆとりが生まれました。不思議なことにそのゆとりは，一緒に学習しているもう1人の子どもにも伝わりました。

　国語・算数の時間全体に「間」が生まれたのです。

心に響く水口先生の言葉 3

　棒さしで勉強している時，棒を「ポキッ」と折ってしまう子がいたんだ。何回やっても折ってしまうんだ。でもね，それは折ることで，素材の固さや感触を確かめているんだよ。

　Eさんは水口先生がおっしゃっていた状況と全く同じでした。この言葉を聞いていたので，私はEさんが教材を壊してしまった時も冷静に対応できました。

第2章　一人ひとりに合わせた教材の工夫　55

事例5　細かい違いを見分けられることを目指したＥさんへのアプローチ

子どもの実態

　　Ｅさんは自閉症のある小学校４年生の男児です。

　　新版Ｋ式発達検査での発達年齢は認知・適応領域２歳０ヶ月，言語・社会領域１歳４ヶ月です。

　　初めてＥさんと接した時，「年度替りで，不安一杯。今にもパニックになりそうな様子で，ハンカチを口にくわえて必死でこらえている。」という印象でした。

　　状況の変化が苦手で，同じことの繰り返しは安心できるのですが，いつもと違うことが少しでもあると気になって仕方がありませんでした。ホワイトボードに貼ってあるカードがほんの少し曲がっているとすぐに直さないと気が済まなかったり，友だちのシャツの裾が出ていると友だちに駆け寄りズボンの中にシャツをしまわないと気が済まなかったりしていました。

　　また，紐が好きでいつも手にしていました。ぶらぶらさせたり，口に入れたりして遊んでいたのです。同じくハンカチも好きで，どこへ行く時でも手にしていました。機嫌のよい時はハンカチをポンポン投げて遊び，パニックになるとハンカチをかむことが多くありました。

　　そんなＥさんは国語・算数の学習が好きではありませんでした。教材に向かうよりもハンカチや紐で遊ぶ方が好だったのです。「棒さし」教材を提示すると「早く終わらせたい！」という様子で，素早くこなして離席していました。ものすごい勢いでこなそうとするので，細かい大小弁別・形弁別になると区別がつかなくなります。強引に入れようとして入らず，怒り出すことも多々ありました。

　　そんなＥさんに対し，「細かい違いを，ゆっくり見比べて，違いを判断すること」を目標としたアプローチを行いました。

Eさんの水口・大高教材アセスメント結果

シート2…物を弁別することを目標とする段階（枠を手掛かりにして）

課題の写真	評価
	7　3つの穴に棒をさす［○］ 左右の手で棒を1本ずつ握り，左右の穴にさす。 残った棒をまん中にさす。 さし方がとても素早い。
	8　10本の棒をさす［○］ 両手で棒を取り，左右からさしていく。 虫食い状態になるが，あいている穴をさがしてすべての棒をさすことができる。
	9　大きさの弁別をする［○］ 弁別教材になると両手は必ず，利き手で1つずつ型を穴に入れる。 大小の区別は見ただけでき，間違えずに入れられる。
	10　形の弁別をする［○］ 9　大きさの弁別をすると同様に，1つずつ型を手に取り，対応する穴に入れられる。
	11　色の弁別をする［×］ 色に関係なく型が置かれている場所の一番近い穴に入れる。
	12　順番にさす［×］ 両手で棒を取り，ランダムにさしていく。 虫食い状態になるが，あいている穴を探してさすことができる。 途中で，片手（利き手）のみでさす場面も見られる。

アプローチ 1　回してはめる教材

　Eさんの教材への取り組み方は早くて雑だったため、1つひとつを確実に行ってもらいたいと思いました。そこで、1つひとつに時間がかかる、回してはめる教材を作製しました。日常生活の中でねじ式キャップを使用している物を集めて、作製しました。

ボルトはめ（蝶ボルト）

ナットはめ

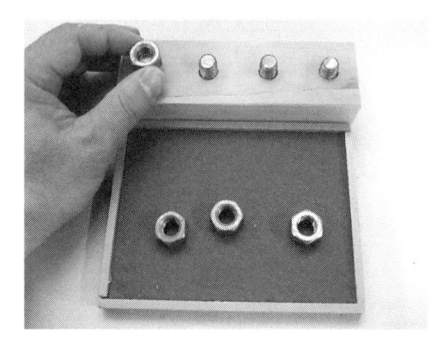

ペットボトルキャップはめ

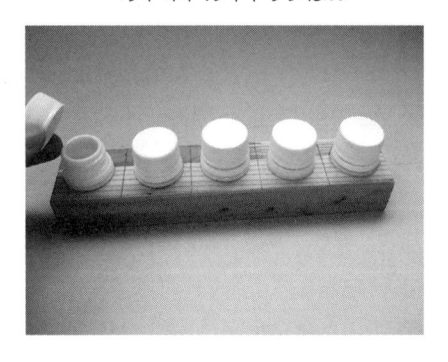

ゼリー状飲料のキャップはめ

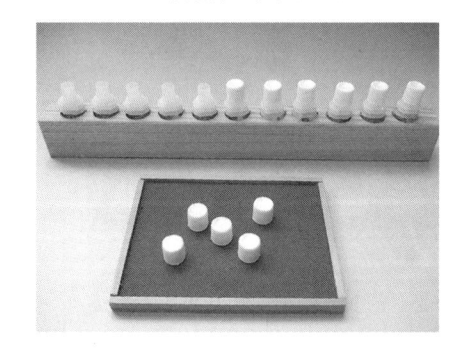

台所洗剤容器のキャップはめ

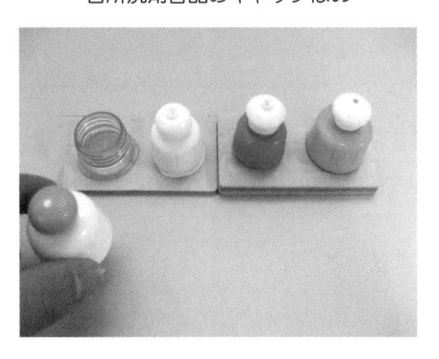

はちみつ容器のキャップはめ

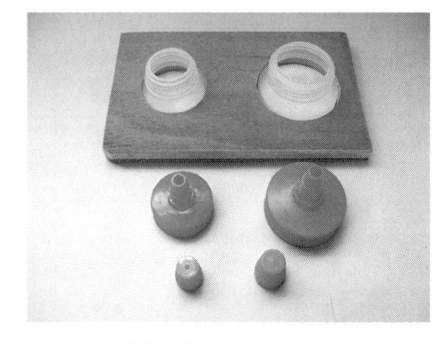

→キャップが二重になっている

アプローチ ② 大小弁別のバリエーション No.1

「玉入れ」教材では，箱や容器に玉がすっぽり入ってしまう教材，玉よりも浅い穴に玉を置く教材，玉と同じくらいの高さの容器に入れる教材，玉よりも高い筒に連続して入れる教材など，穴の深さにより多くの教材が作れます。これらの特性を利用して，土台を変化させて色々な大小弁別の教材を作製しました。

蓋に大小の穴をあけたプリンカップ

大小の穴を開けた板（厚さ15mm）

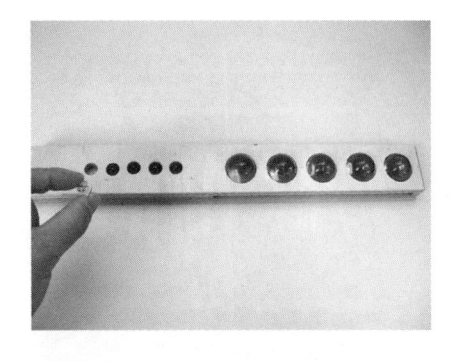

ガムテープの芯とビニールテープの芯

通常のプリンカップと縁をつけたプリンカップ

太さの違うアクリルパイプ

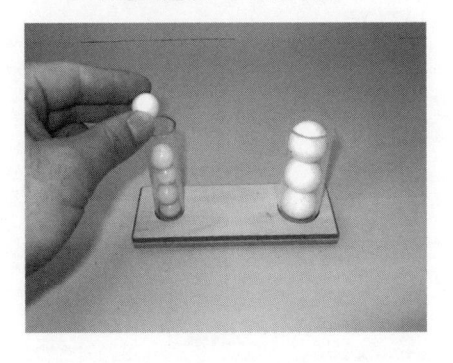

大きさの違うゼリーカップ

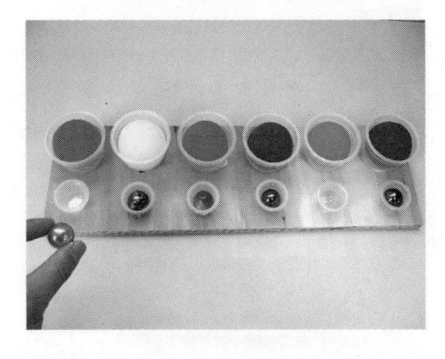

第2章 一人ひとりに合わせた教材の工夫　59

アプローチ ③ 大小弁別のバリエーション No.2

「棒さし」教材，「リングさし」教材を用いて，大小（太さ）弁別の教材を作りました。特に「棒さし」教材は，太さや穴の位置を変えて，多くのバリエーションを用意しました。また，「リングさし」教材はリングの太さや穴の位置に加えて，横に並べるのか，積み上げていくのかでもバリエーションを設け，作製しました。

太さ6mm棒と3mm棒－交互並び

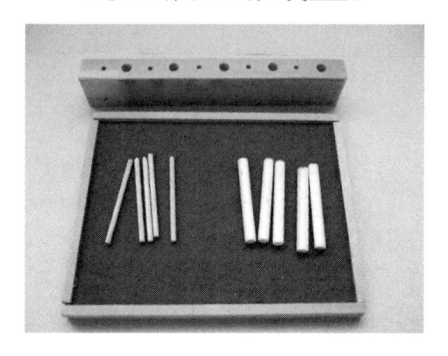

7種の太さのアルミ筒

太さ5mm棒・8mm棒・10mm棒－4本ずつ

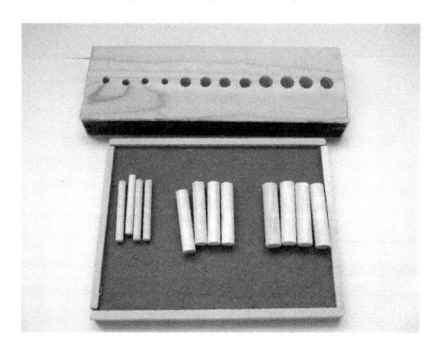

同じ丸でも中心の穴の太さが違う

太さ3mm棒・5mm棒・8mm棒・10mm棒－3本ずつ

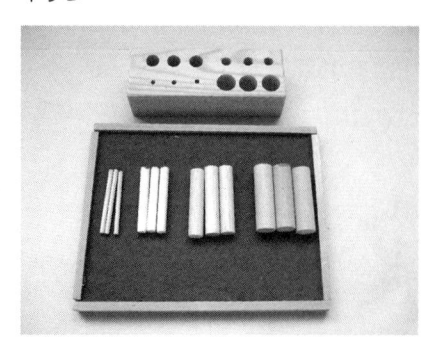

大きい丸に細い穴，小さい丸に太い穴があいている

アプローチ ❹　大小弁別のバリエーション　No.3

　　大小弁別といっても，2つの物を比較するだけでなく，1つの立方体の6面の違いを弁別する教材も考えました。

　　6面に9.5mm穴があいているブロックを用意し，そのうちの2面の穴を15.5mmに大きくしました。15mmの棒に通す際，15.5mm穴のあいている面は通りますが，9mm穴のあいている面は通りません。

立方体の面により穴の大きさが違う

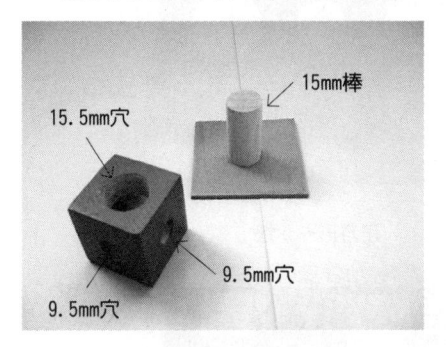

15.5mm穴　15mm棒　9.5mm穴　9.5mm穴

9.5mm穴には通らない 　　　15.5mm穴には通る

15mm棒に15.5mm穴，12mm棒に12.5mm穴を対応させて入れる

9mm棒に9.5mm穴，12mm棒に12.5mm穴，15mm棒に15.5mm穴を対応させて入れる

第2章　一人ひとりに合わせた教材の工夫　61

| アプローチ ⑤ 大小弁別のバリエーション No.4 |

　「はめ板」教材でも，大小の弁別教材を数多く作製しました。取り扱う形や選択肢の数を何択にするか等で様々なバリエーションを設けました。

いちご－2択

丸－3択

正三角形－4択

正方形－5択

長方形－10択

丸－4択－3個ずつ

アプローチ 6　形弁別のバリエーション

　形弁別は「はめ板」教材だと色々なバリエーションを作製しやすいです。形の違いだけでなく，比較するものの数や大きさ等により様々なバリエーションで作製しました。

○△□－5個ずつ

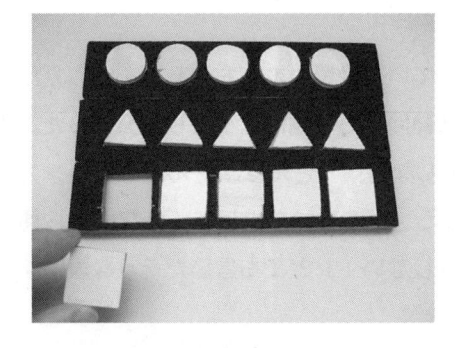

出っ張り部分の位置を弁別

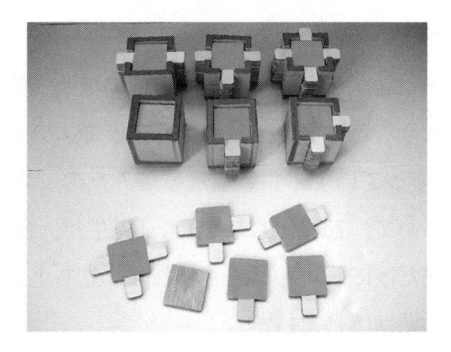

色々な形

色々な形

類似の三角形

類似の四角形

第2章　一人ひとりに合わせた教材の工夫　63

嬉しかった！瞬間

　Eさんは事例4のDさんと同じクラスで，国語・算数の時間は私と3人で学習をしていました。ともに行動の早い2人だったため，私の教材を提示するタイミングがどうしても遅れがちになってしまい，Eさんはそのたびに離席し，教室内で気になる部分を触りに行ったり，ハンカチを投げては取る遊びをしたりしていました。私には，「少しは座っていてほしいな…。」と思う気持ちもありましたが，教材提示のタイミングが追いついていないこともあり，無理には座らせないでいました。

　しかしながらEさんは教室の他の場所で学習をしている教員や友だちの教材をいじりに行ってしまうこともあり，私の指導方針でよいのか，教員間でも議論になってしまいました。そこで，「座っていて！」と注意してみたのですが，そんな時，Eさんは，遊んでいたハンカチを握りしめて，怒り出しました。「先生が，僕のタイミングで教材を出してくれないから悪いんだ。僕だけにかかわってくれれば，立ち上がったりしない！」とでも言いたそうな表情をしていると私は感じました。

　また，教材を10個ほど並べ「順番にやっていくんだよ。」と自習を促したこともありましたが，この時，Eさんは教材を1つやって，立ち上がってしまいました。

　ここでの問題点は，Eさんをほめなかったことです。Eさんは，教材を1つやった際に，ほめてもらえることで納得していたのです。

　学習とは「①教師が教材を提示する」→「②子どもがそれに応えて，教材に取り組む」→「③教師がよくできたねとほめる」→「④教師が次の教材を再び提示する」という一連のやりとりで成り立っているのです。

　私は，「自分の手が足りない」という理由で「③教師がよくできたねとほめる」ことを省略し，さらには「④教師が次の教材を再び提示する」を「本人に」やらせようとしてしまっていたのです。

　一定の時間，座り続けていられるようになることが学習の目的でしょうか？　それとも学習を通して，教員とのコミュニケーションを図ることが目的でしょうか？　答えは，後者だとEさんの様子から学べると思います。

　私は，無理に着席させ続けるのはやめようと決心しました。それから3ヶ月くらい，Eさんは教材を1つやっては，立ち上がり，しばらくして私が次の教材を提示しながら呼び戻すと，戻ってくると…いうパターンを繰り返しました。

　その間，Eさんに合わせて様々なバリエーションの弁別教材を作りました。すると最初は離席している時間が長かったEさんですが，だんだんと教材に向かっている時間が長くなってきました。また，当初は30分ほどで学習そのものを終えていたのですが，45分以上続くようにな

りました。それに伴い，学習の仕方にも変化が表れました。教材を行うスピードがだんだんとゆっくりになってきたのです。ゆっくりになると，じっくり見て区別をすることができるようになり，細かい違いの弁別教材（太さ6㎜と8㎜の棒を弁別しての棒さし）も間違えずに判断できるようになりました。

　離席と着席を繰り返しての学習でも着実に力が付いてきていたのです。大切なのは学習スタイルではなく，学習内容なのです。

　2学期に入ると，学校は行事が続き，パターンが変わります。さらに全体活動が苦手なEさんは毎日パニックを起こしました。いつもどおりに1日の流れが行われないと，Eさんは，当初，ハンカチを握りしめたり，かんだりしてパニックを起こすのです。しかし，ある時，教材が入った衣装ケースを持ち出して椅子に座り，学習を要求してきたのでした。「パニックになりながら，学習を要求する」その姿に私は，一瞬唖然としました。それと同時に，Eさんにとって学習の時間が大切な時間になっているということが分かり，パニックになっているEさんを前にして喜ぶのも申し訳ないのですが，嬉しくなったのでした。

　2学期の4ヶ月間で私が作製した弁別教材はさらに増え，教室の端に積み上げられた衣装ケースは24箱になっていました。それでも相変わらずEさんの離席と着席を繰り返す学習は続いていました。

　2学期が終わる時に，保護者の方から「宿題を持たせてほしい。」と依頼され，学校で取り組んでいた弁別教材を数点，大きな紙袋にいれ持ち帰らせることを行いました。冬休み明けに話を聞くと，家でもよく学習をしたそうでした。学校でやっていることが，家でも，保護者とでも同じようにできたことは着実にEさんが力を付けている証拠です。

　そして3学期に入ってからは，1つの教材を終えたEさんは離席せずに，隣で学習しているDさんに近寄り，Dさんが学習している様子をにこにこしながら見るようになりました。困るのは，Dさんが少しでも間違えると，手を伸ばして自分でやり直してしまうことでしたが…。

　人がやっている様子をまるで自分がやっているかのように見るEさんに対し，「座って見てくれる？」と言葉をかけると，Eさんはすんなりと座りました。その日以来，Eさんの離席はほとんどなくなりました。

　私は「無理に座らせようとしなくてよかった。」と改めて感じました。Eさんは「教師が指示するから座っている」のではなくて「友だちのやっている様子を見るために，積極的に座り続ける」ようになったのです。3学期の他の授業でもEさんの離席は格段に減りました。「自発」的に獲得した力は，本物の力となるのです！

事例6　端から順番に置くことを目指したＦさんへのアプローチ

子どもの実態

　Ｆさんは８番染色体の異常による疾患を持つ25歳の男性です。小学校は通常の学級に母親が毎日付き添って通い，中学校は心身障害児学級（現在の特別支援学級），高校は養護学校（現在の特別支援学校），現在は地域の作業所に通って７年目となります。研究会での学習（月１回の指導）を始めて３年が経ちます。

　田中ビネー知能検査ＶにおけるＭＡ（精神年齢）は２歳８ヶ月。家族の名前や日常生活で繰り返し使用している物などの単語の発語があります。日常生活で周囲の人が使う言語はおおよそ理解して行動しますが，手先を使って物を操作することは苦手です。

　保護者によると「極端に不器用で，めんどうくさがり屋。集中していられる時間が短い。」とのことで「文字を覚え，活用できるようになってほしい。」という願いが聞かれました。

　そこで，初めてＦさんと学習する際には，文字プリントや文字カード，単語カード，絵カード等を用意して臨みました。しかし，実際に学習してみると，音声を聞いて絵カードを取ることはできるものの，文字カードや単語カードを取ることは難しい状態でした。そこで課題を変え，大小５段階の丸のはめ板を行いました。すると，大小の弁別ができず，枠に関係なく丸型を横に並べて終わりにしてしまったのです。

　操作することが苦手なため，自分で操作して判断してきた経験が少なく，基礎的な学習がすっぽり抜けてしまっている印象を受けました。

　そこで，当面の課題として，アセスメント教材ではできている大きさを弁別する課題，形を弁別する課題に関して，バリエーションを広げて取り組むことにしました。そして，色を弁別する課題，線に沿って順番に入れる（さす）課題へと進んでいきました。保護者はもっと難しい課題を希望していたようでしたが，簡単だと思われる課題でも，できていない部分があることを説明し，基礎的な土台を固めた上で文字や数の学習をすることを了承していただき，本アプローチを行いました。

Fさんの水口・大高教材アセスメント結果

シート2…物を弁別することを目標とする段階（枠を手掛かりにして）

課題の写真	評価
	7　3つの穴に棒をさす［○］ 端から順にさすことができる。 （右手で棒を持ち右から左の方向に向かう）
	8　10本の棒をさす［○］ 端から順にさすことができず，虫食い状態になるが残っている穴を探してすべてをさすことができる。
	9　大きさの弁別をする［○］ 型を両方の穴に入れてみて，入る穴に入れる。
	10　形の弁別をする［○］ 型をすべての穴に入れてみて，入る穴に入れる。
	11　色の弁別をする［×］ 色に関係なく入れる。 型が置かれた場所の近くの穴に入れる場合もあるが，右端の穴から入れようとする傾向が強い。
	12　順番にさす［×］ 順番をバラバラにさしたため虫食い状態になり，棒と棒がささったあい間に入れにくくあきらめそうになる。 指さしで入れるべき位置を示して，何とかすべてを入れることができた。

アプローチ 1　端から順番に入れる（さす）ことを促す教材　No.1

　保護者から「自分の洋服を整理してしまうことができず，いつもぐちゃぐちゃ状態。どうすれば整理できるようになるか？」と相談を受けたのをきっかけに本アプローチを始めました。大きさや形の弁別は，今までの学習で得意になったものの，「棒さし」教材等で端から順番にさすことができず，バラバラにさしていたので，端から順番に入れる（さす）ことができれば変わるのではないか，と考えたのです。

　最初は，私の指さしに応じて，端から順番にさしていくように促しました。しかし，私が指さした位置に関係なく，バラバラにさしてしまいました。そこで，今度は穴をすべて私の手で隠して，1つの穴しか見えないようにして，1本いれたら次の穴を見せるようにしました。するとうまくできました。

　できることとできないことははっきりしたところで考えたのがこれらの中間にある課題です。用意したのは，階段状棒さし教材です。階段状の教材は，1段ずつ高さが違うため，順番に合わせて目や手が止まりやすいのです。実際に行ってみると，数段飛んでしまうことがあるものの，直線に比べると明らかに端から順番にさしていく様子が見られました。

10本の棒さし（穴を手で押さえる）

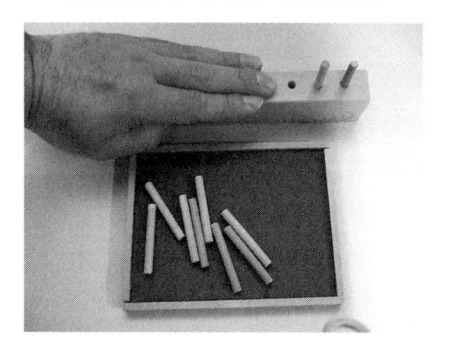

10本の棒さし（入れるべき穴を指さす）

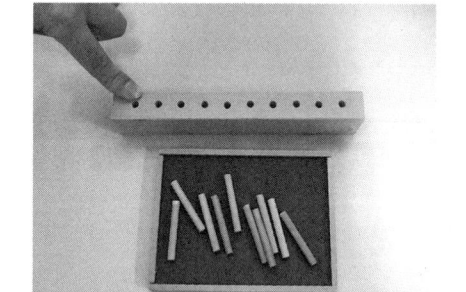

→見えている穴にさした

→指さした位置に関係なくさした

階段状の棒さし

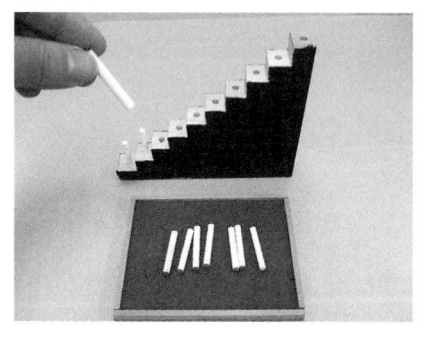

階段状のキャップはめ

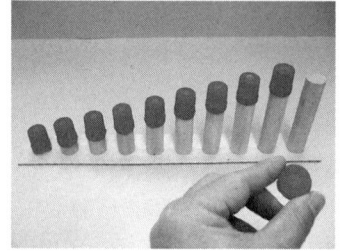

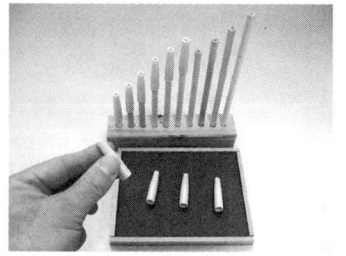

| アプローチ ❷ | 端から順番に入れる（さす）ことを促す教材　No.2 |

　順番を強調して学習するために、もう１つ考えたのが「端から詰めていかなければ、全てが収まらない」状況を作ることでした。そこで、以下に示す教材を作製しました。Ｆさんが端から詰めて置くことができないと、最後は型を入れるスペースがなくなってしまうのです。

１つの枠に１枚ずつ入れる（端から詰めて入れなくても全てが収まる教材）

１つの枠に１枚ずつ入れる（端から詰めて入れなくても全てが収まる教材）

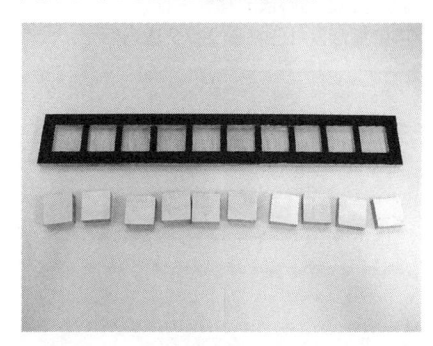

１つの枠に５枚入れる

１つの枠に10枚入れる

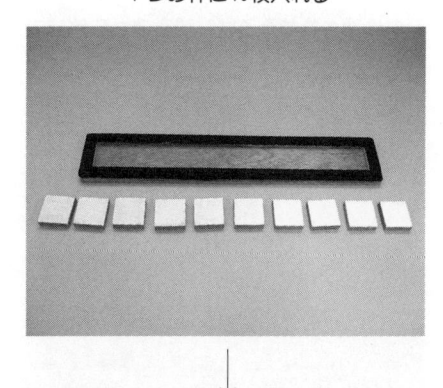

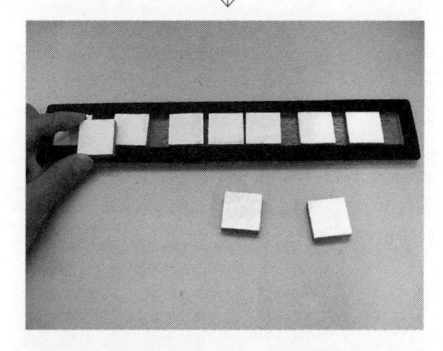

↓

↓

→端から詰めていかないので最後は入れるスペースがなくなってしまった

→端から詰めていかないので最後は入れるスペースがなくなってしまった

第２章　一人ひとりに合わせた教材の工夫　69

| アプローチ ③ | 端から順番に入れる（さす）ことを促す教材　No.3 |

　Ｆさんに「端に詰めるとうまくいく」という感覚をつかんでもらいたいと、「磁石のスライド版」教材を活用しました。溝部分に鉄板が貼り付けてあり、鉄板から磁石を取るには力が必要になります。しかしながら磁石を滑らせるには力を必要とせず、滑らせる行動を誘発しやすい教材です。また、他に「滑らせる」教材として「玉ひも」教材、「スライディングブロック」を用いて学習を行いました。

磁石を端から端まで移動させる
（中に指が入れられるリング磁石）

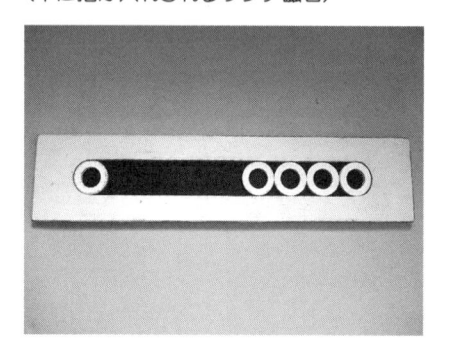

磁石を端から端まで移動させる
（指先でつまむタイプの磁石）

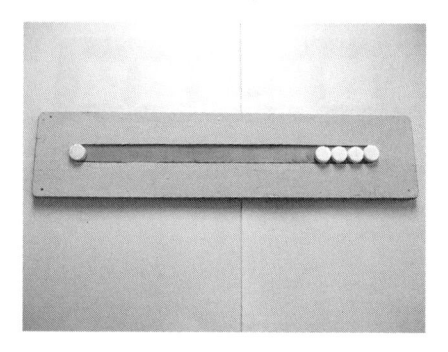

ひもに通されたそろばん球を端から端まで移動させる

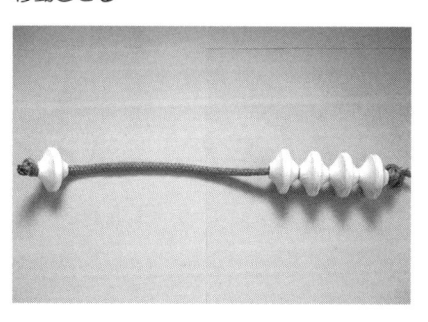

ブロックを端から端まで移動させる

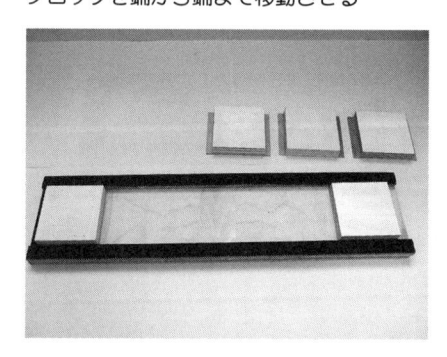

ヨーグルトカップを端から端まで移動させる

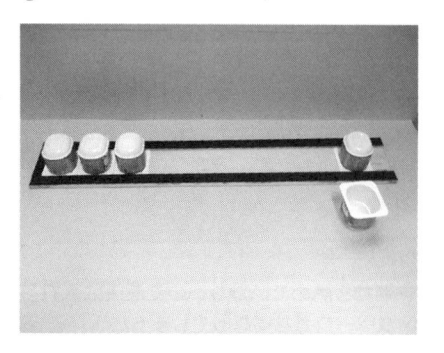

方向を合わせて入れ、すべらせて端に移動させる（漬物の容器）

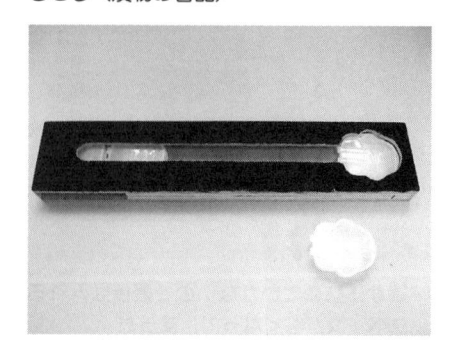

| アプローチ ❹ | 分割図形を構成すること　No.1 |

　順番に並べる課題と並行して，分割図形を構成する課題にも取り組みました。Fさんは，2分割の丸を構成することはできましたが，3分割だと構成することができませんでした。3分割の丸の構成課題の時，あらかじめ1ピースを入れて提示しても，構成することはできませんでした。

2分割の丸の構成

→構成することができた

3分割，4分割，5分割の丸のうち，1ピースを弁別してはめる

→弁別することができた

3分割の丸の構成

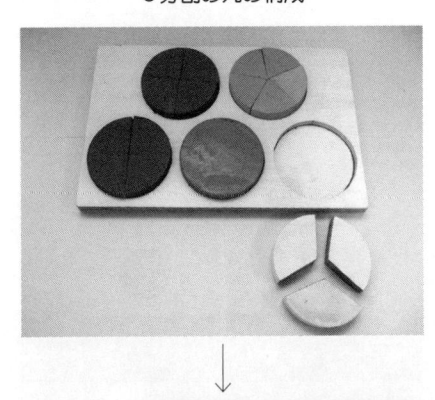

↓

→構成することができなかった

3分割の丸のうち，2ピースを構成

↓

→構成することができなかった

第2章　一人ひとりに合わせた教材の工夫　71

アプローチ 5　分割図形を構成すること　No.2

　Fさんの分割図形構成課題について，「斜めの線が難しいのではないだろうか」「絵柄が付いていれば，それをヒントにできるのではないだろうか」と考えました。そこで三角，四角の形や色々な事物の2分割の構成を課題とするはめ板を行ってみました。

　その結果，果物はめ板の「みかん」だと構成できるが，他の形だと構成することができませんでした。つまり，丸の形以外の構成はすべて難しいことが分かったのです。

三角の構成（2分割）

四角の構成（2分割）

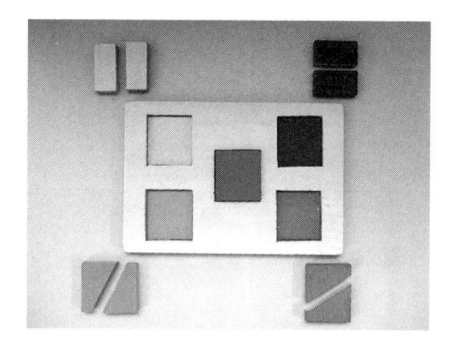

魚のはめ板（2分割構成）

果物のはめ板（2分割構成）

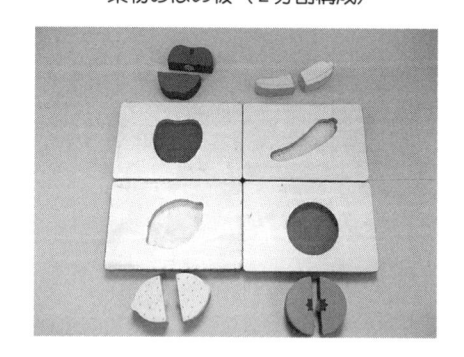

野菜のはめ板（2分割構成）

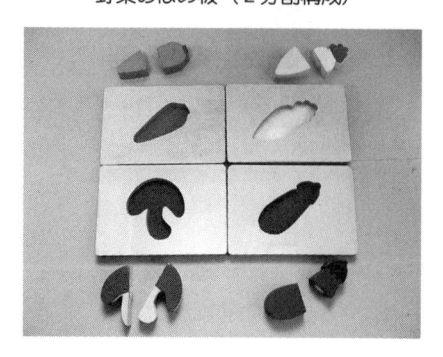

斜めに切った長方形の構成

アプローチ ⑥ 全体と部分を意識する

　Fさんの分割図形構成の様子から，全体と部分の違いを意識できるようになれば，各ピースから全体を構成するイメージが持てるのではないかと考えました。そこで，実物の一部分に着目する課題に取り組みました。

　特に着目する部分を指でなぞってから枠に入れるように促しました。

輪郭はめ板（粘土型を活用）

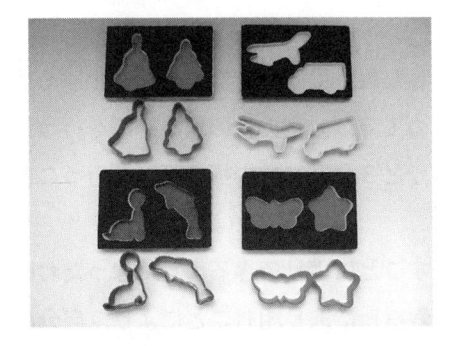

部分の形に着目するはめ板

立体の底面に着目するはめ板

立体の底面に着目するはめ板

厚みのある物のはめ板

実物の底面に着目するはめ板
（ガラス製ペーパーウエイトを活用）

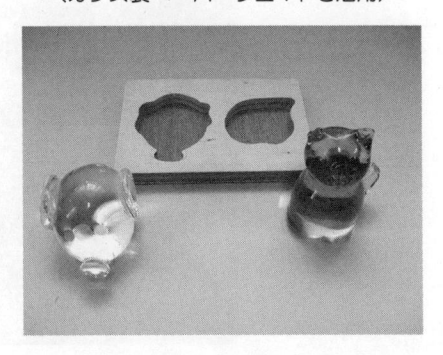

第2章　一人ひとりに合わせた教材の工夫

嬉しかった！瞬間

　色々なものを滑らせる課題を通して，Ｆさんは滑らせる感覚をつかんだようでした。そこで，改めて，端から並べて入れる課題に取り組んでみました。その時Ｆさんは，枠の端から型を入ようとはせず，枠の真ん中をめがけて型を入れました。私は「やっぱり，難しいのかな？」と思いました。

　しかし，次の瞬間，Ｆさんは自発的に真ん中に入れた型を滑らせて，枠の端まで移動させたのです。滑らせることと，端から詰めていくことがつながった瞬間でした。それも指示を受けてではなく，自発的にできるようになったのです。

　また，全体と部分を意識するために，本書に掲載した以外にも色々な種類の実物はめ板，立体のはめ板を用いて学習を行いました。そして，改めて，３分割の丸の構成課題を行うと，以前までとても苦労していた姿が嘘のように，すんなりと３分割の丸の構成課題を行うことができるようになったのです。

　これらの課題で，Ｆさんはできない課題を繰り返すことによりできるようになったわけではなく，前段階にある色々なバリエーションの課題（教材）に取り組むことにより，自分なりに工夫する方法を獲得し，できなかった課題を達成できるようになりました。

　教材を作るのには時間と労力がかかります。忙しい時は，「慣れればできるようになるだろう。」という思いで，一度作った教材を繰り返し練習させたくなる時もあります。しかし，私自身も踏ん張って前段階の課題を細かく工夫してきました。それが報われた瞬間だったのです。

　その後，Ｆさんの保護者から，最近Ｆさんが家の手伝いをよくするようになった，と聞きました。25歳を過ぎたＦさんが改めて基礎学習を行い，自発的に取り組む姿勢を獲得し，それを日常生活に生かそうとしているという事実は，「年齢を重ねても，生涯，学習は必要なんだ。」ということを学ばせてくれる出来事でした。

4　シート3段階の子どもに対する教材の工夫

～見本に合わせて答えを出すことを目標とする段階～

事例7　絵カードの理解を目指したGさんへのアプローチ

子どもの実態

　Gさんは自閉症の26歳の青年です。幼児教室から高等部まで都内の知的障害養護学校（現在の特別支援学校）に通い，現在は都内の作業所に通っています。

　田中ビネー知能検査ⅤでのMA（精神年齢）は2歳3ヶ月です。

　Gさんは「おとうさん，しゅっちょう」「あはは，わらっちゃだめよ」等，2～3語文を話すことができるものの，会話でのやりとりは苦手で，「今日は車で来たの？」などの質問に答えることはできません。そして，それ以上会話を続けようとすると，離席して教室を出て行ってしまいます。理解できない課題が提示されると，すぐに離席するため，課題が適切だったかどうかが判断しやすいとも言えます。

　幼稚部の頃から，障害児基礎教育研究会に通い，月に1回の学習を続けています。17年間，水口先生の指導を受け，水口先生が病床に伏した後は私が指導を引き継ぎ，4年が経ちました。

　「はめ板」教材や「棒さし」教材を用いての学習には積極的ですが，食べ物や日常生活用品の絵カードを分類する教材では，すぐに離席してしまいました。はめ板や棒さしのように枠があり，運動的に入るか入らないかが分かることが学習の動機付けになっているため，絵カードのように見ただけで判断する教材を用いた学習は苦手だったのです。

　Gさんに対して，どのようにすれば枠がなくても弁別ができるようになるのかが，私に課せられた最初の課題でした。

Gさんの水口・大高教材アセスメント結果

シート2…物を弁別することを目標とする段階（枠を手掛かりにして）

課題の写真	評価
	7　3つの穴に棒をさす［○］ 端から順に棒をさすことができる。
	8　10本の棒をさす［○］ 端から順に棒をさすことができる。
	9　大きさの弁別をする［○］ 見ただけで大小の判断ができ，間違えずに入れることができる。
	10　形の弁別をする［○］ 見ただけで形の判断ができ，間違えずに入れることができる。
	11　色の弁別をする［○］ 枠の色と型の色を合わせて，入れることができる。
	12　順番にさす［○］ 1本目を入れた場所の隣りに棒をさしていくことができる。

シート3…見本に合わせて答えを出すことを目標とする段階

課題の写真	評価
同じカードの上に置いてください。	13-① 同じカードの上に重ねる［×］ 見本のカードと選択肢カードをまとめて4枚そろえて手渡してくる。 （見本一選択肢という意味が分からない。）
このカードと同じカードを選んでください。	13-② 見本を見て同じカードを選ぶ［×］ 13-① 同じカードの上に重ねると同様。
	14-① 同じ物同士を同じ箱に入れる［×］ スプーン・フォーク・箸を区別せず，右の箱にめいっぱい入れ，満杯になったら，まん中の箱に残りを入れる。
	14-② 同じ概念の物同士を同じ箱に入れる［×］ 14-① 同じ物同士を同じ箱に入れると同様。
	15 見本の印と同じようにタイルを並べる［×］ 一番右の枠に5枚タイルを入れ，次にその隣りの枠に5枚，さらに隣りの枠に5枚のタイルを入れる。 （端から枠をうめていき，タイルがなくなったところで終わりにしている。）
	16 縦軸と横軸を意識して入れる［×］ 全部のカードを重ねてそろえて，右上の枠に入れる。

| アプローチ **1** | 色に関しても枠が重要 |

　大きさや形は触ってその違いを判断する要素が多くあります。そのため，はめ板や棒さしのように枠がある条件で弁別することはできても，カードのように枠がない条件で弁別をすることができない子は多いように思います。

　一方，色に関しては触って判断することができないため，枠があることと，枠がないことに違いがないように考えていました。しかしながら，Gさんは色に関しても「枠」があるかないかが重要だったのです。色に関しても枠がある条件と枠がない条件では理解の仕方が違ったのです。

　赤・青・黄の3色の色箱に，色ブロックや色積み木を弁別して入れることはできるものの，見本チップを見ての分類（箱には色が付いていない）や同じ色のカードを重ねる課題はできなかったのです。

色箱（側面と縁に着色）に色ブロックを入れる（枠のある条件）

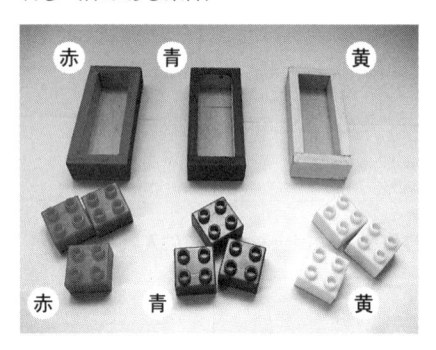

→分類することができた

色の箱（底面に着色）に色積み木を入れる（枠のある条件）

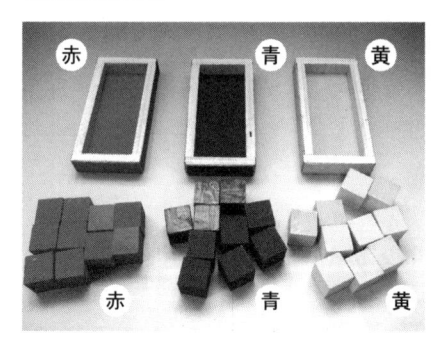

→分類することができた

見本のチップと同じ色で分類

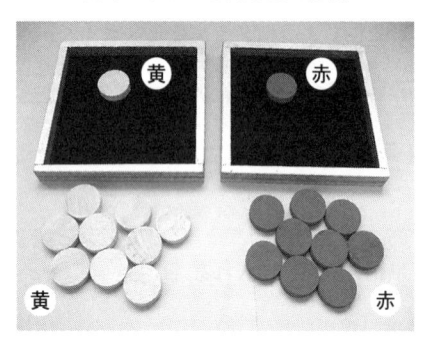

→色に関係なく，片方の箱に入るだけチップを入れた

同じカードを重ねる（枠のない条件）

→選択肢のカード3枚と見本カード1枚をすべて重ねてまとめた

| アプローチ ❷ | 余りが出たり，足りなかったりしても納得する |

　Gさんは，枠にぴったり収まることが心地よいらしく，枠があれば細かい違いでも見分けることができます。しかし枠がないと自発的に学習する態度が弱くなります。そこで，枠があるけれど，余りが出たり，足りなかったりして，おさまりが悪い状況になったとしても，それに納得し，対応できるようになってほしいとアプローチしました。

余りの出る状況

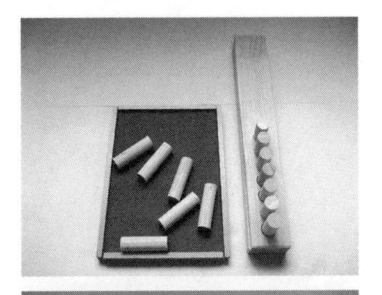

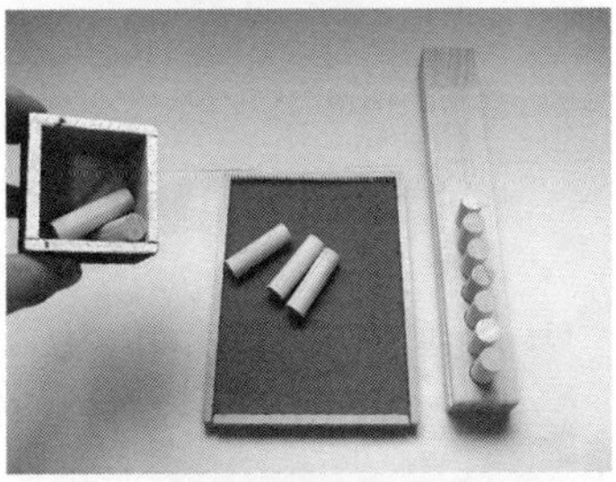

足りない状況

片方は足りず，片方は余る

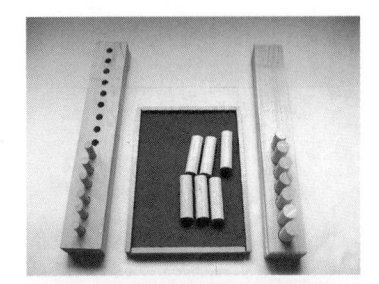

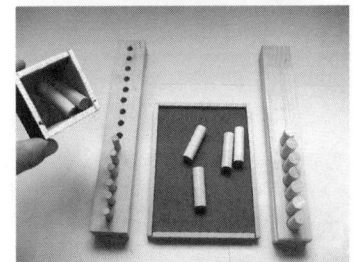

→余った棒は，箱に入れる

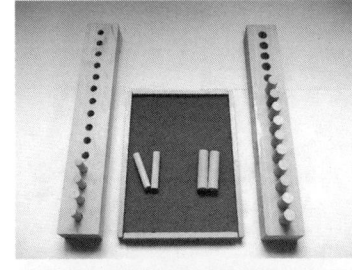

→足りなくても終了

→細い穴は空き，太い棒は余る

余りの出る状況

足りない状況

入らないものがある状況

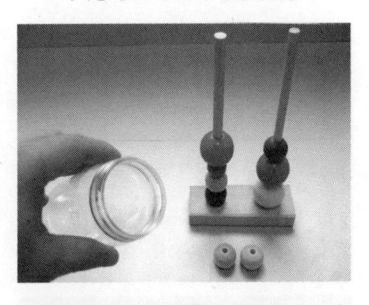

　太さの違う棒が２本並んでおり，５種類の玉の１つだけに細い棒に合うサイズの穴があいている。全てを太い棒に通せば良いのだが，１つは通せないので隣の細い棒に通す。

→余った玉は，容器に入れる

　棒の太さは２種類，玉にあいた穴の種類は３種類。
　棒に玉を通す余地はあるけれど，一番細い穴のあいた玉は棒には通らないので，容器に入れる。

第２章　一人ひとりに合わせた教材の工夫　79

アプローチ ❸ 枠に頼らずに判断することを促す教材　No.1

　はめ板は凹になった穴に型をはめる教材ですが、凹のくぼみを限りなく薄くすれば、平面に近くなるのではないかと考えました。そこで、通常のはめ板製作では、5〜12mmの穴をあけるところ、2mm穴のはめ板も作成しました。

　また逆に、凸になったものの上に重ねる教材も作成しました。これに関しても最初は凸面を高くしておき、だんだんと低くしていきました。

9mmの穴　　　　　2mmの穴　　　　　5cmの凸図形

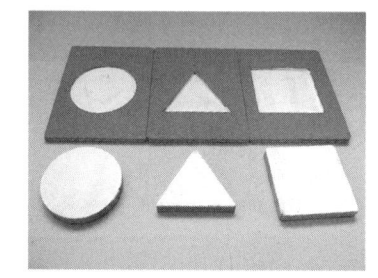

2mmの凸図形  　　　カードの上に型を置く 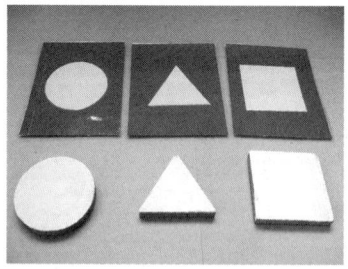 　　カードの上にカードを置く

| アプローチ ❹ | 枠に頼らずに判断することを促す教材　No.2 |

　枠に頼らずに判断するための教材として，はめ板の枠が取り外せる教材も工夫しました。枠を取り付けておけば，通常のはめ板教材と同じですが，自分で枠を取り外すことで，枠のない状況にでも自発的に取り組む意欲を育てようと考えたのです。

穴にはめ込む教材　　　　　　　　　穴にはめ込む教材

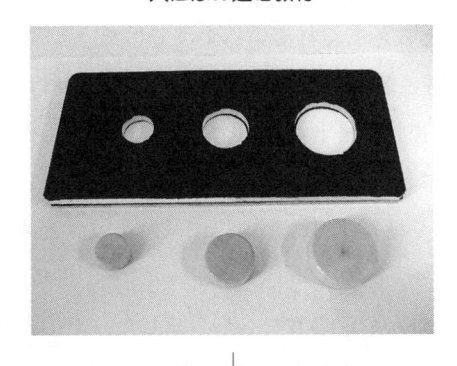

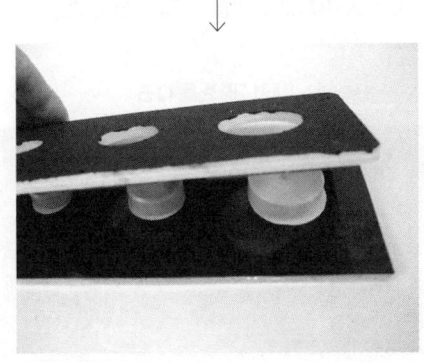

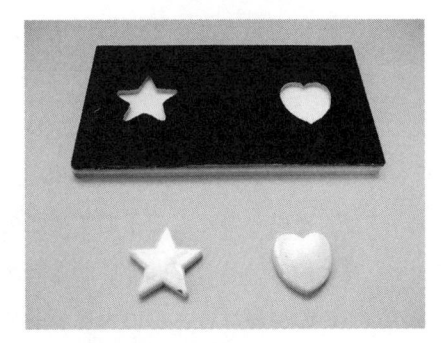

↓　　　　　　　　　　　　　　　　↓

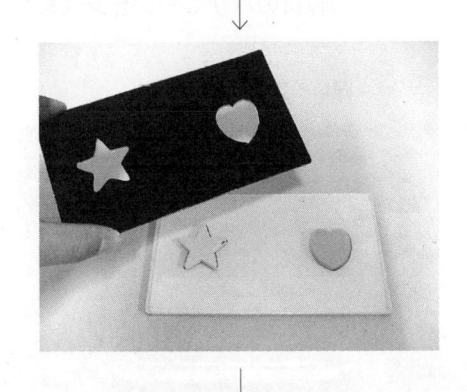

印の上に置く教材　　　　　　　　　印の上に置く教材

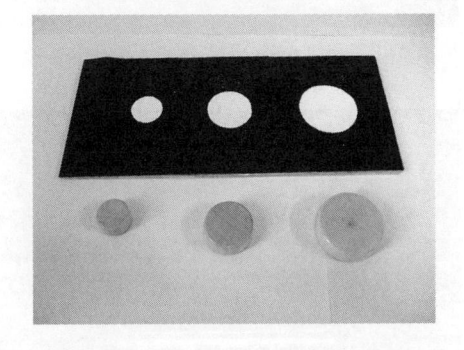

第2章　一人ひとりに合わせた教材の工夫　81

アプローチ ⑤　マグネット絵合わせ教材

　「マグネットはめ板（枠が取り外せる）」や「薄い穴のはめ板（厚さ2mm穴）」「凸図形の上に重ねる」方式の教材を数多く行ったことにより，Gさんは枠がなくても学習に取り組めるようになってきました。

　しかしながら，この時点でも形や絵カード教材を提示すると，絵柄に関係なくカードを重ねてしまいました。このことはGさんが，私に「もっとスモールステップで教材を考えなくてはいけませんよ。」と教えてくれているようでした。

　そこで考えたのが，マグネットを活用した絵合わせ教材です。この教材は，100円ショップで購入したステンレストレーに絵カードを貼り付けて作製しました。この課題の特徴は，絵カードの上にマグネットを持っていった際に，磁力で「ピタッ」と貼りつくところです。この貼りつく感覚がはめ板の枠に「パチッ」と入る感覚と似ているのではないかと考えたのです。

　この課題はGさんに大ヒットでした。好んでこの教材をやりました。そのため，この教材のバリエーションは事物・形・色・大小など200種を超えました。

同じイラストを重ねる　　　　　　　　同じ形を重ねる

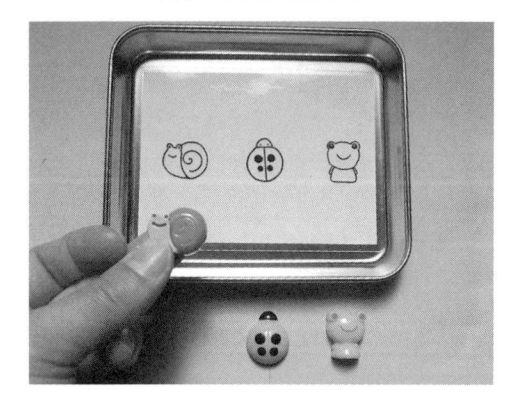

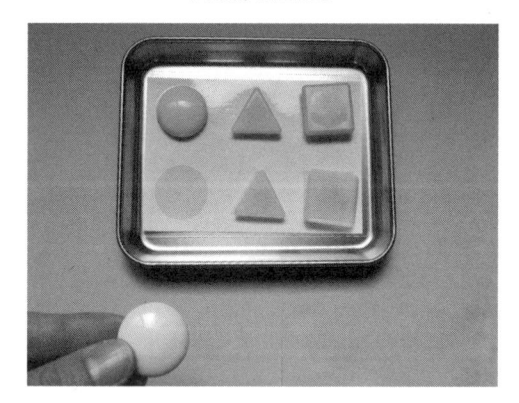

同じ大きさを重ねる 　　　　　　　　同じ色を重ねる

アプローチ 6　見本に合わせる工夫

　同じ絵柄のカードを重ねることができるようになったGさんに次に取り組んだのは，見本のカードを見て，それと同じカードを選択肢の中から選ぶ課題（見本合わせ課題）です。

　しかしながら，ここで再び足止め状態になりました。見本のカードを手に持ち，重ねる場合（分類的条件課題と定義）と，見本のカードを手にすることができず，見本は見るだけで，選択肢の中から同じカードを選ぶ場合（選択的条件課題と定義）とでは，同じカードを使った学習であっても難易度が違うのです。

　そこで考えたのが，カードを重ねることで「同じ」ということを表現するだけでなく，カードを下に並べて置くことで「同じ」ということを表現することでした。この課題はGさんお得意の「枠」を活用したこともあり，すんなりと受け入れられました。

分類的条件課題

選択的条件課題

このカードと同じカードを選んでください。

同じカードの上に重ねてください。

見本のカードに重ねる　　　重ねたカードを手前の枠に移す

第2章　一人ひとりに合わせた教材の工夫　83

嬉しかった！瞬間

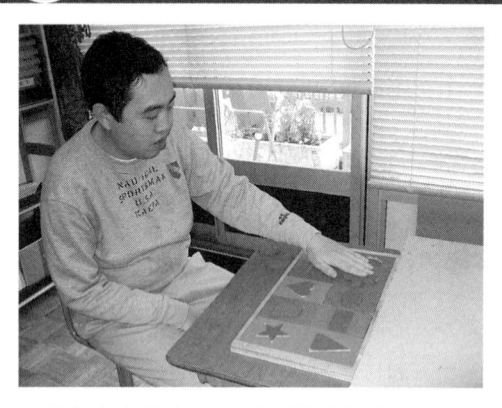

Gさんとの学習を始めた時、「カード」教材を持ち出し、一度は指導に失敗しました。そのため、折にふれて、「カード」教材をGさんに提示しましたが、なかなか受け入れてはもらえませんでした。カードに対する根強い抵抗感でも持っているかのように…。

そこで、受け入れてくれる棒さし・はめ板の学習を繰り返してきました。

焦りもありましたが、学習を続け、関係ができるに従ってGさんの頑なな姿勢も徐々に和らぎ、難しい課題にも付き合ってくれるようになりました。棒さし教材やはめ板教材は手先の巧緻性を向上させる教材と捉えられる場合もありますが、Gさんと私との間では「考え方を柔軟にし、やりとりを深めていくための教材」としての意味合いが深かったように思います。「棒さし」教材や「はめ板」教材で十分学習したことが、印の上に同じ物を重ねられるようになったり、見本のカードを見て同じカードを選んだりすることができるようになったりするための土台となったと思います。

初めて、印の上に重ねることができた時、初めて見本と同じカードが選べた時、Gさんは25歳を過ぎていました。それでもなお、学習をする意欲を持ち続けていたのです。

事例8　相手の出題意図を理解して答えることを目指したHさんへのアプローチ

子どもの実態

Hさんは肢体不自由と知的障害、聴覚障害を併せ持つ小学5年生の男児です。

小学5年生の1学期末まで聴覚障害は分からず、周囲の大人は聞こえているものと思っていました。座位姿勢に多少不安定さがあるものの、5～10mくらいの距離ならば、車椅子の自走ができます。下肢の補装具を付け、両肩を支えられれば立つことができます。特定の物に執着を示したり、いつもと同じパターンの行動を取らないと怒り出したりすることから、過去の担任は「自閉傾向」があるととらえている時もありました。

新版K式発達検査の認知・適応領域発達年齢は3歳3ヶ月です。

数字に興味があり、自発的に色々な物を指さして「1, 2, 3…」と数えます。数字を見て、複数ある物の中から同じ数だけ物を相手に渡すこともできます。文字は、自分の名前と「まま」という特定の文字に興味を示します。数量の理解・ひらがな文字の理解を課題として引き継ぎました。聴覚障害が分かってからは、手話・指文字を取り入れています。

Hさんの水口・大高教材アセスメント結果

シート3…見本に合わせて答えを出すことを目標とする段階

課題の写真	評価
	13-① 同じカードの上に重ねる ［〇］ 同じ絵柄のカードの上に重ねることができる。
	13-② 見本を見て同じカードを選ぶ ［〇］ 見本と同じカードを選ぶことができる。
	14-① 同じ物同士を同じ箱に入れる ［〇］ スプーンのみを集めて，一番右の箱に入れ，次にフォークのみを集めてまん中の箱に，最後に箸を集めて一番左の箱に入れた。
	14-② 同じ概念の物同士を同じ箱に入れる ［〇］ 14-① 同じ物同士を同じ箱に入れると同様。
	15 見本の印と同じようにタイルを並べる ［×］ 見本の印とは関係なく，左の枠に1つ，その隣に2つ，その隣に3つ，その隣に4つ，一番右の枠に5つのタイルを入れた。
	16 縦軸と横軸を意識して入れる ［×］ 見本の形の上に同じ形のカードを重ねた。

| アプローチ 1 | 数系列の理解に関して No.1 |

　1〜5までの数系列版において，1から順に並んだタイルの見本を見て，同じようにタイルを並べることができました。しかしながら，順序がバラバラに並んだシールの見本を見せ，同じように並べるように促しても，1〜5の順に並べてしまいました。

　このことは，「①タイルがシールに変わったことで見本としての意識ができなかった」「②系列通りに並べる意識が強く，見本が意識できなかった」という2つの可能性を示しています。そこで，「①1〜5までの順に並んだシールの見本を見て，同じようにタイルを並べる課題」および「②順序がバラバラに並んだタイルの見本を見て，同じようにタイルを並べる課題」の双方の課題を行いました。その結果，Hさんは，①はでき，②はできないことが分かりました。つまり，Hさんは「②系列通りに並べる意識が強く，見本が意識できなかった」と考えられるのです。

1〜5の順に並べる（タイル見本）

→1〜5の順で並べた

順序をバラバラに並べる（タイル見本）

→見本に合わせず，1〜5の順で並べた

1〜5の順に並べる（シール見本）

→1〜5の順で並べた

順序をバラバラに並べる（シール見本）

→見本に合わせず，1〜5の順で並べた

> アプローチ ❷ 　数系列の理解に関して　No.2

　Hさんは視覚的な記憶がよく，そのため数系列版もすんなり覚えることができました。しかし，同じパターンで学習していたために，そのパターンが固定化しすぎて崩せなくなってしまっていました。そこで，枠ごとに取り外せる系列版教材を用いて学習に取り組みました。

　最初はHさんがイメージした1～5の順に教材を並べました。次に私が，Hさんの見ている前で1の枠と5の枠の位置を入れ替え，さらに2の枠と4の枠の位置を入れ替えました。そして，同じように左右を入れ替えることを促しました。Hさんは，すんなりと左右を入れ替えることができました。

　次にHさんの見ている前で順序をバラバラに入れ替えました。これがHさんには不満だったようで，私の系列版を1～5の順序に並べ変えようとしました。しかし，そこでHさんの系列版に，見本の系列版と同じように入れることを促すと，見本通りに入れ替えることができたのです。

右から左に並んだ系列の見本を見て，同じ数の下にブロックが入った枠を置く

右から左に並んだ系列の見本を見て，同じ数の下にブロックを入れる

1～5がバラバラに並んだ見本を見て，同じ数の下にブロックが入った枠を置く

1～5がバラバラに並んだ見本を見て，同じ数の下にブロックを入れる

第2章　一人ひとりに合わせた教材の工夫　87

アプローチ ❸ 最初のイメージとは違う入れ方をする（分類をイメージしやすい場面で分配を促す）

　Hさんは<u>14-①　同じもの同士を同じ箱に入れる</u>では同じ物を分類することができました。

　そこで，3枚の箱と〇・△・□を3つずつ計9つ提示し，箱に入れるように促しました。すると，見本がなくても，3枚の箱に〇・△・□を3つずつ種類ごとに分けて入れることができました。

　さらに，1つの箱に〇△□を1つずつ配ることを促しました。これは，最初にイメージしたHさんの入れ方とは違う入れ方を促すことになり，何に対しても，自分のイメージ通り行いたいHさんにとっては，難しい課題になります。しかしながら，Hさんはすんなりと見本に応じて配ることができたのです。

見本なしで3枚の箱と〇・△・□を3つずつ計9つ提示

→同じ種類同士で分類した

1つの箱に〇△□を1つずつ配るよう促す

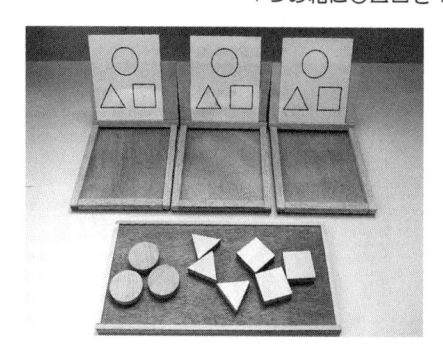

→見本に合わせて配ることができた

アプローチ 4　ひらがな五十音表から文字を探す（行と列を意識する）

　Hさんは数字だけでなく，文字にも興味を持ち始めていました。ひらがな五十音表から「まま」の「ま」を指さしたり，自分の名前の文字を指さしたりしていたのです。これらの文字に関してのみ，ひらがな五十音表の場所を覚えていました。そこで，他の文字もひらがな五十音表から探す課題を行いました。しかしながら，他の文字は探すのに時間がかかりました。その様子を見ていると，「あ行」から「わ行」に向かって順に探していくのでなく，自分の最も興味のある「ま」を中心に探していました。そのため，自分の興味のある文字の近くは探しやすく，自分の興味ある文字から離れた位置にある文字は探しにくかったのです。

　そこで，「あ行」から順に探すことを促すために，「あ行」以外は隠して「あ行」の5文字の見本合わせから始めました。その次に，ピンク色の枠を用意し，「あ行」から順に，枠をスライドさせ，注目すべき行を意識させました。これらの課題を通し，行を追って探すことができるようになり，ひらがな五十音表のすべての文字がすんなりと探せるようになりました。

「あ行」以外は隠す　　　　　　　　　枠で注目すべき行を意識する

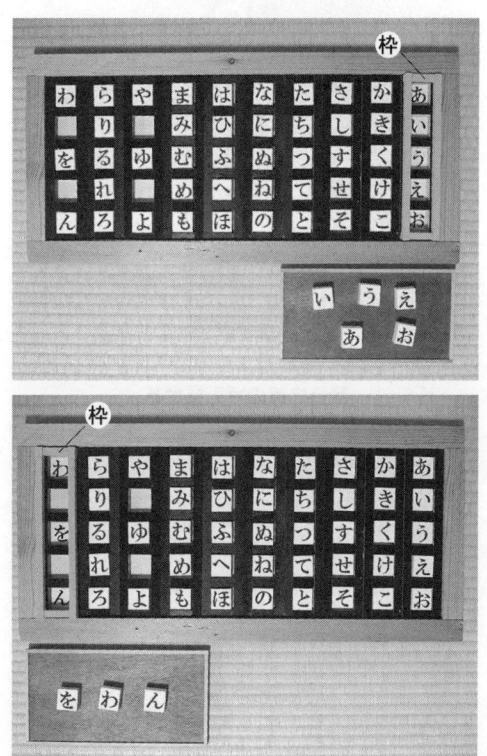

第2章　一人ひとりに合わせた教材の工夫　89

アプローチ ⑤ マトリクスの理解（行と列の理解）

　Hさんはマトリクスの意味が分かりませんでした。Hさんは聴覚に障害があるため，言葉で説明は理解できません。そこで，ひらがな五十音表と同様の手順で段階的に指導しました。

赤の行以外は隠す

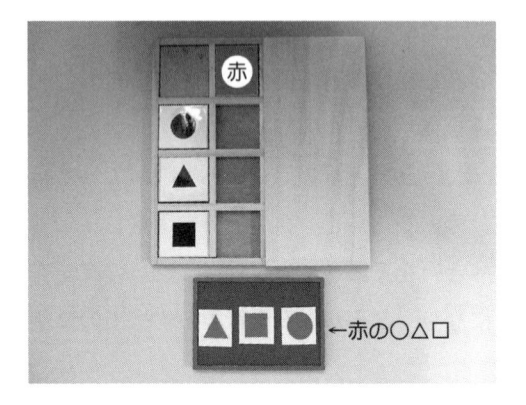

←赤の○△□

まず赤の行に枠を置く

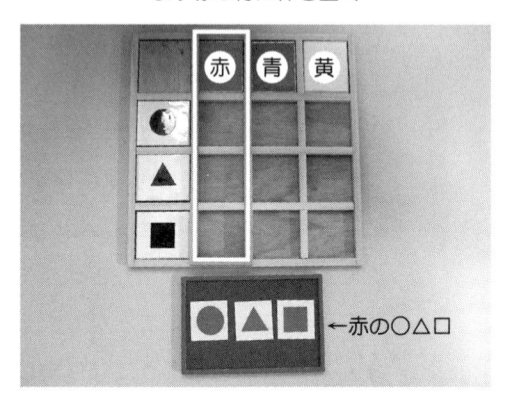

←赤の○△□

次に青の行を見せる

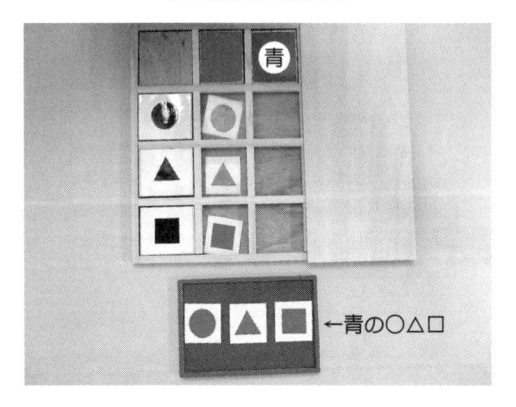

←青の○△□

次に青の行に枠を置く

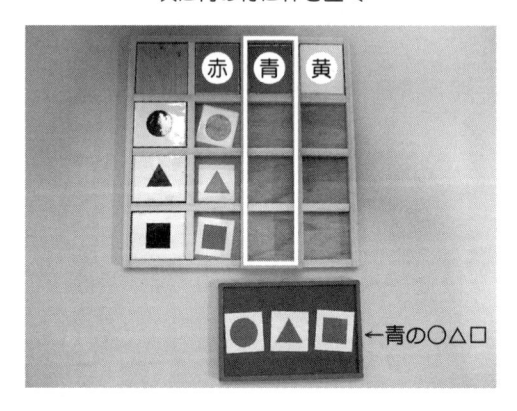

←青の○△□

最後に黄の行を見せる

←黄の○△□

最後に黄の行に枠を置く

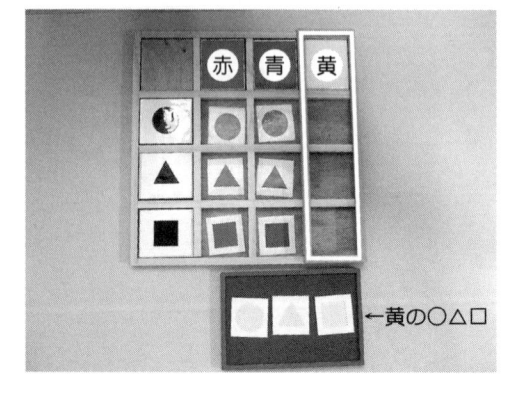

←黄の○△□

| アプローチ 6 | 表裏の理解 |

　Hさんは文字だけでなく，手話や指文字にも興味を示し，意欲的に学習に取り組んでいました。しかし，「相手側から見た手の形」と「自分の側から見た手の形」が違うため，その裏表の理解につまずいていました。そこで，左右の「手のひら」と「手の甲」の弁別を色々な組み合わせで行いました。

　比較する物同士が似ているため，最初は区別がつきませんでした。そこで，自分の手のひらとカードの手のひらを合わせたり，自分の手の甲とカードの手の甲を合わせたりすることを繰り返し，違いに気づくことができたのです。

左右の「手のひら」の弁別

左右の手の甲の弁別

左手の「手のひら」と「手の甲」の弁別

右手の「手のひら」と「手の甲」の弁別

第2章　一人ひとりに合わせた教材の工夫　91

嬉しかった！瞬間

　Hさんは学習の時間が大好きで，45分の授業時間を超えてもさらに学習に取り組もうとしていました。数系列版やひらがな五十音表，マトリクス課題では，最初は，自分の考え方を変更することができなかったのですが，様々な課題を行った結果，問題を解く際に「相手の出題意図は何か？」を考えることができるようになってきたのです。

　それに伴って，Hさんの日常生活場面でのこだわりも減ってきました。

　文字や数等の学習は，それらを理解し，日常生活で活用していくことが目的の１つですが，それ以外にも学習を通して，コミュニケーションをはかり，人との人間関係を豊かにしていく意味を持っていることをHさんの学習を通して実感できると思います。

　逆に考えれば，文字・数の学習の前段階となる見本合わせ課題や分類課題でも，単に課題ができたからよいわけでなく，相手とのやりとりの中で学習が成立しているかを改めて見直す必要があります。

　今でも，Hさんと「見本合わせ課題」や「分類課題」を行う際は，「自分の考え方だけではなく，違う考え方もあることを知り，納得すること」を課題の中心に据えています。

　そして，自分の世界に入りがちだったHさんは，とても社交的になり，かつての担任が「自閉傾向がある？」と判断していた姿は，すっかり影を潜めていったのでした。

第3章
文字学習につながるシール貼りワーク

1　9段階のシール貼りワーク

　このワークは，シールをプリントの○印に合わせて貼っていく教材です。
　「シールを貼る」課題には，玉入れ教材，棒さし教材，はめ板教材のような運動的手掛かりはありません。そのため，主にシート3段階（見本に合わせて答えを出すことを目標とする段階）の子どもを対象とした教材となりますが，子どもの実態によってはシート1段階，シート2段階の子どもでも対応できるかもしれません。
　水口・大高教材アセスメントの段階に沿う形で9段階を掲載しました。

(1)　用意するシール

　　赤・青・黄・緑の9mmシールと赤・青・黄・緑の20mmシール

(2)　シール貼り教材の9段階　※プリントは横方向で使用します。

1-①　9mmシールを1つの○印に貼る。
1-②　3枚の9mmシールを1つの○印に重ねて貼る。
2　　　3枚の9mmシールを横に3つ並んだ○印に貼る。
3　　　10枚の9mmシールを横に10個並んだ○印に貼る。
4　　　9mmシールと20mmシールの大きさを弁別して○印に貼る。
5　　　9mmシールの色を弁別して○印に貼る。
　　　（○印に色シールを貼っておき，同じ色の上に重ねて貼る。）
6　　　円の輪郭に沿って9mmシールを貼る。
7-①　同じ色の9mmシールを同じ枠に貼る。（見本部分に9mmの色シールを貼っておく。）
7-②　同じ色の9mmシールと20mmシールを同じ枠に貼る。
　　　（問題提示は7-①と同様とするが，選択肢の中には20mmシールも混ぜておく。）
8-①　5×5の○系列に貼られた見本の上に重ねて貼る。
　　　（見本として，9mmシールを1～5の系列通りに貼ったり，ランダムに貼ったりして問題提示をする。貼り方により複数のバリエーションができる。）
8-②　5×5の○系列に貼られた見本を見て，もう1枚のシートに同じに貼る。
　　　（シートを2枚コピーし，1枚を見本用に1枚を課題用とする。）
9　　　大きさと色の系列の枠にシールを貼る（マトリクス）。
　　　（色見本部分に9mmの色シールを貼っておく。）

1
①、②
2

3

4

第3章 文字学習につながるシール貼りワーク　95

5

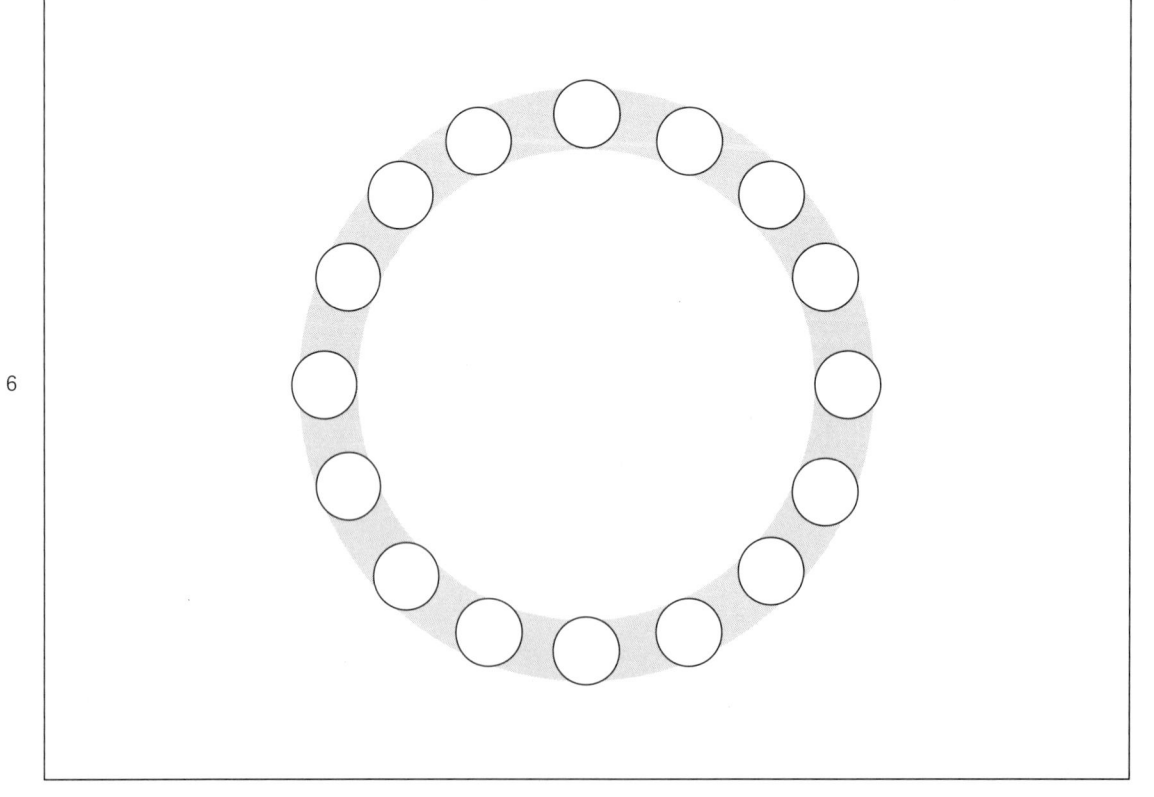

〇緑　〇黄　〇青　〇赤

6

緑　黄　青　赤

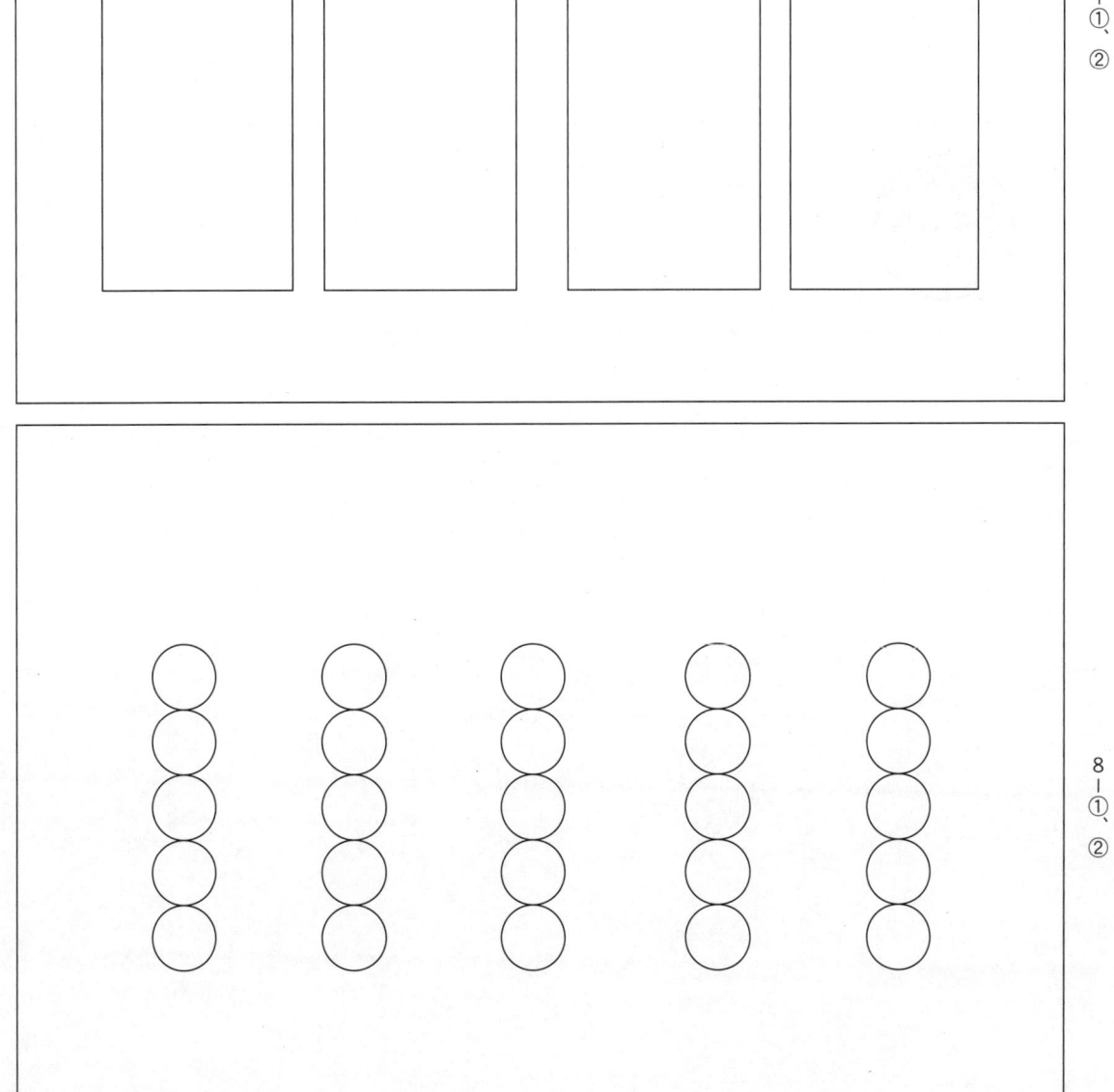

7-①、②

8-①、②

第3章　文字学習につながるシール貼りワーク　97

	赤	青	黄	緑
●				
⬤				

2 文字作りシール貼りワーク

　この教材は(1)9段階の「シール貼り」ワークと同様に，シールをプリントの印に合わせて貼っていく教材です。

(1) **用意するシール**

　9mmシール

　※B5判サイズの本書1ページに2文字を掲載している。等倍コピーすれば9mmシールが合うサイズであるが，手元に9mmシールがなく8mmシールを使用する場合は，92％で縮小コピーすれば合うサイズとなる。

　※文字の大きさを大きくして学習したい場合は，158％に拡大コピーすれば，14mmシールが適当なサイズとなる。

(2) **活用方法**

　「文字」という観点から，バラバラにシールを貼っていくのではなく，書き順通りにシールを貼っていくことが望ましいでしょう。

　「あ」から順番に46文字を学習していく方法だけでなく，一筆書きできる文字をピックアップしたり，一文字一音で該当する具体物が存在する文字をピックアップしたり，自分の名前の文字をピックアップするなど，子どもの実態に合わせて活用ください。

　特に文字を学び始めたばかりの子どもは，線が交わる部分が分かりにくいので，〇印を書き順ごとに色分けして，複数の色のシールを活用するなどの工夫をするとよいでしょう。

　紙幅の都合で，濁音・半濁音は掲載していませんが，濁音の点々と半濁音の丸は最終ページに掲載してありますので，事前にコピーして切り取り，文字部分に重ねて再度コピーして，濁音，半濁音の文字を作成してください。

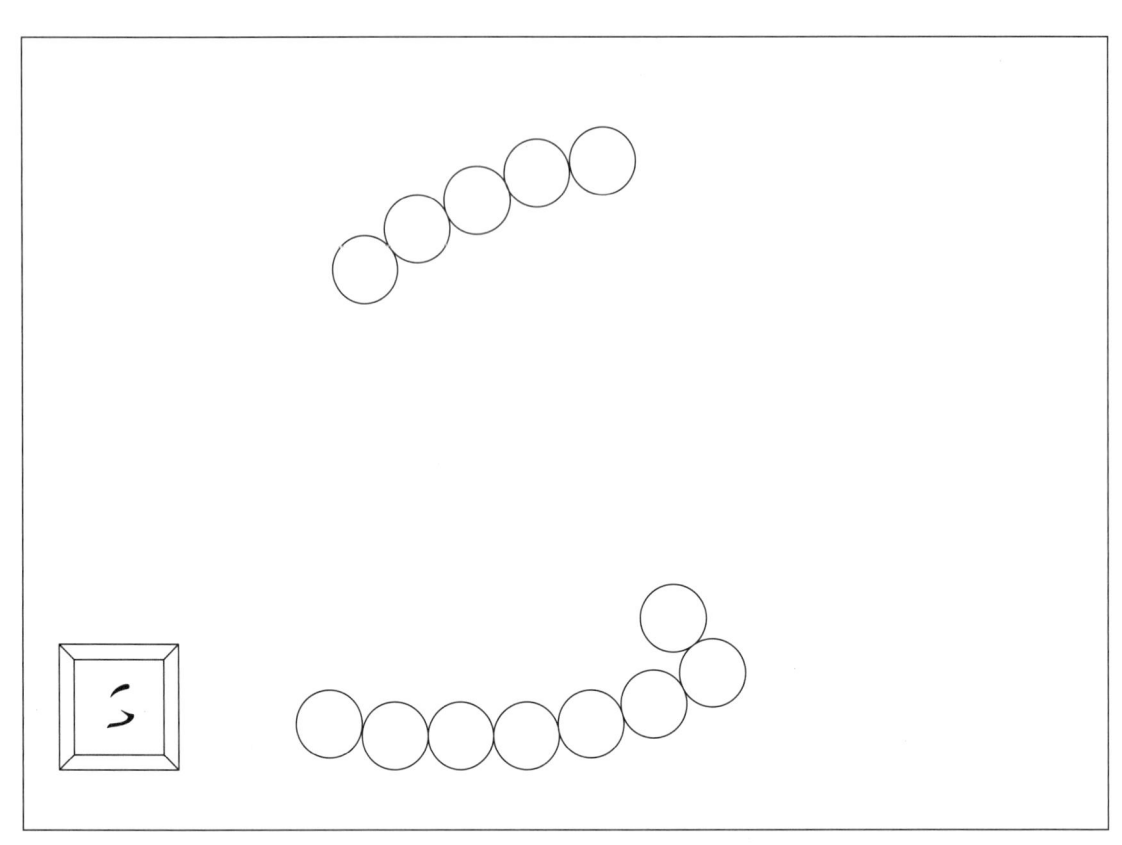

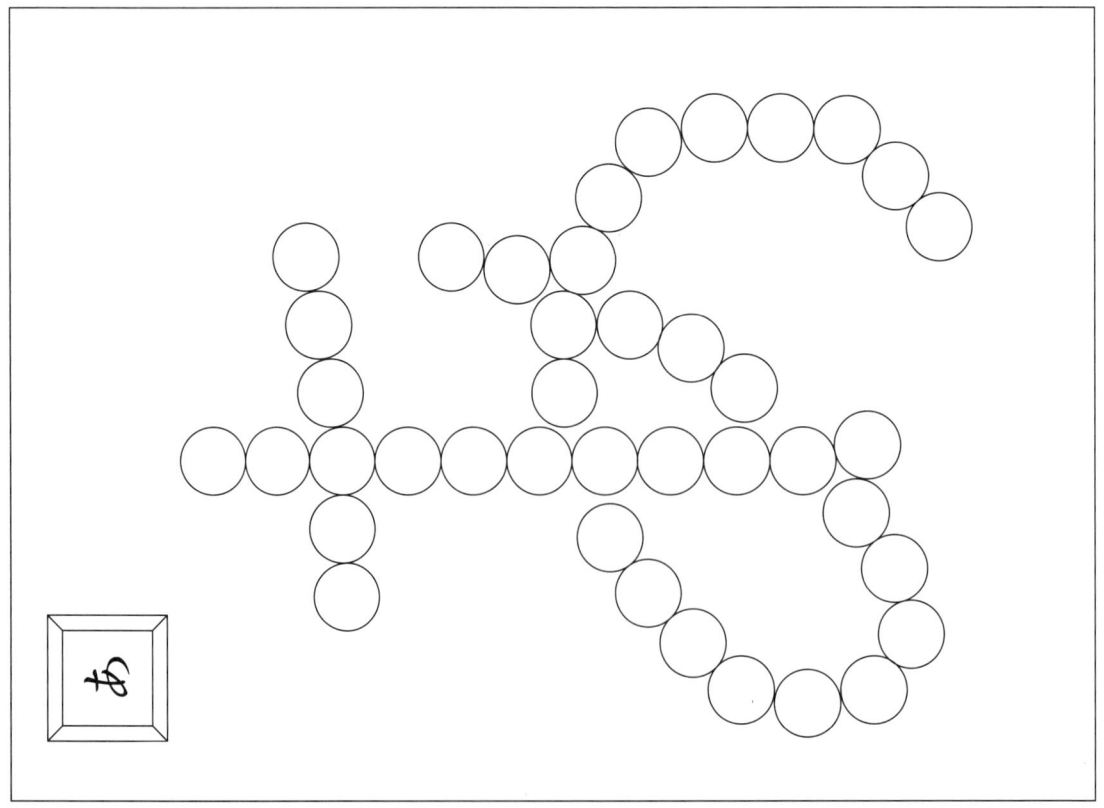

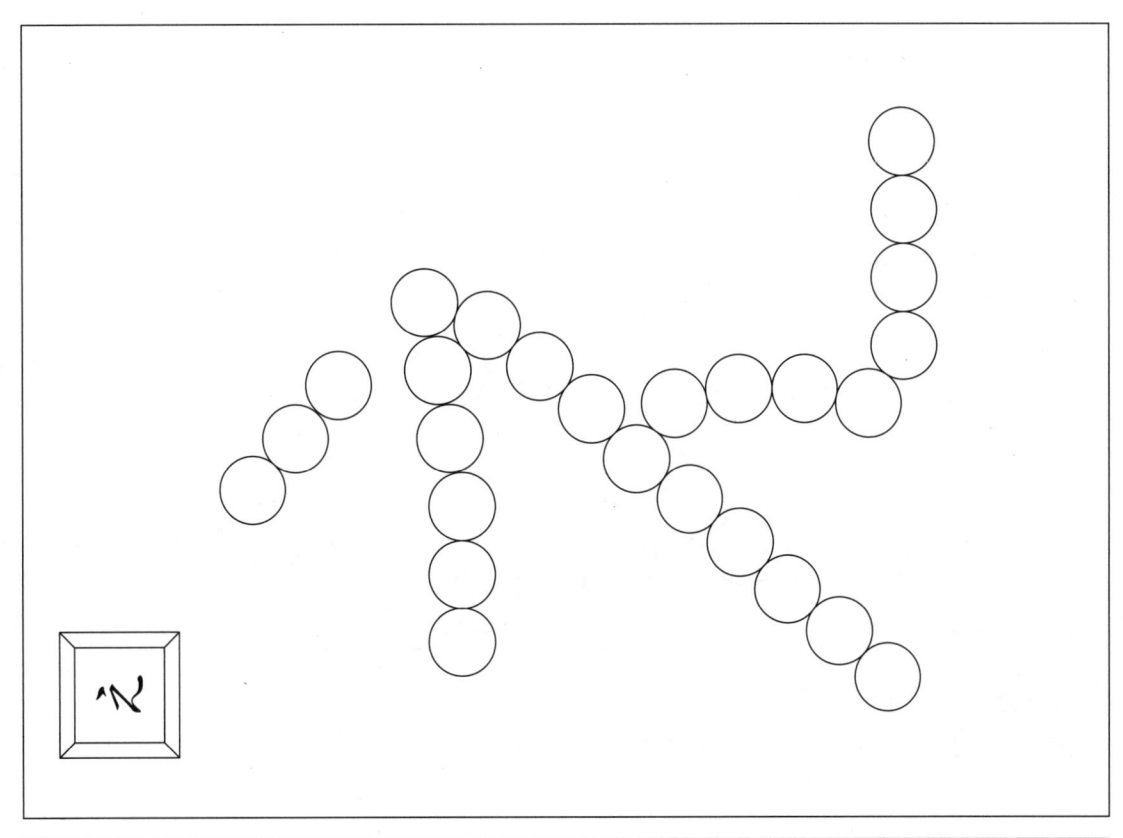

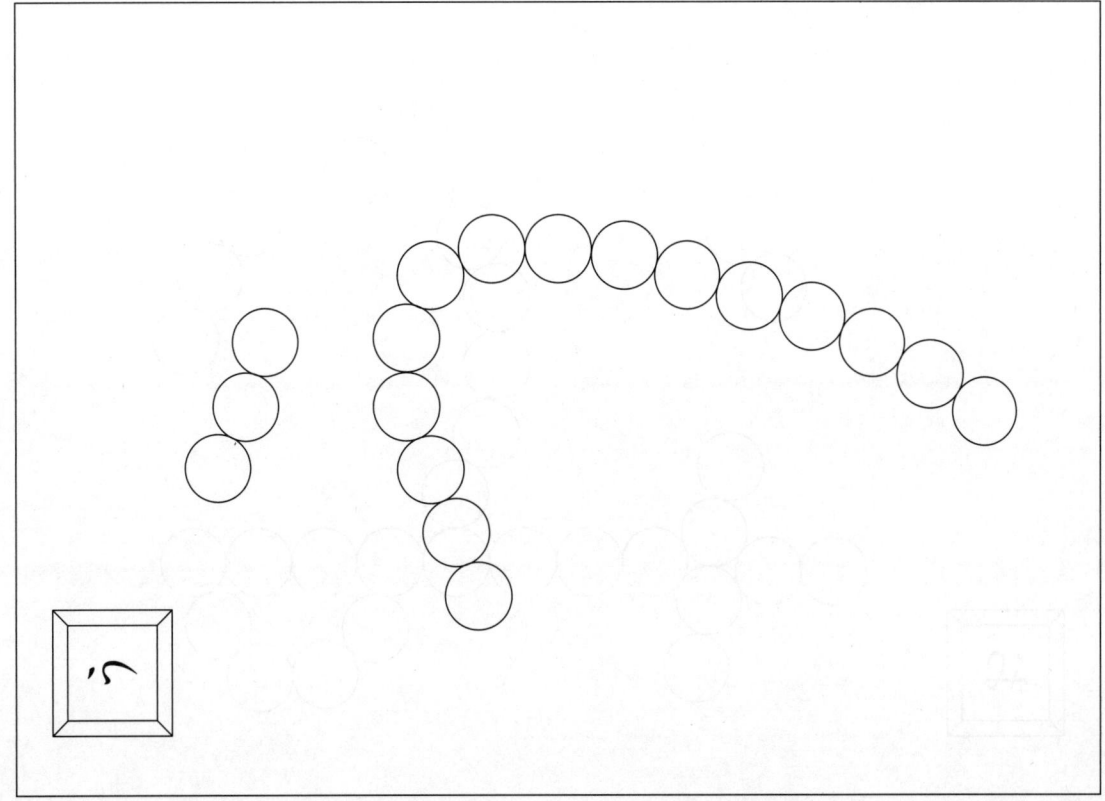

第3章 文字学習につながるシール貼りワーク 101

か

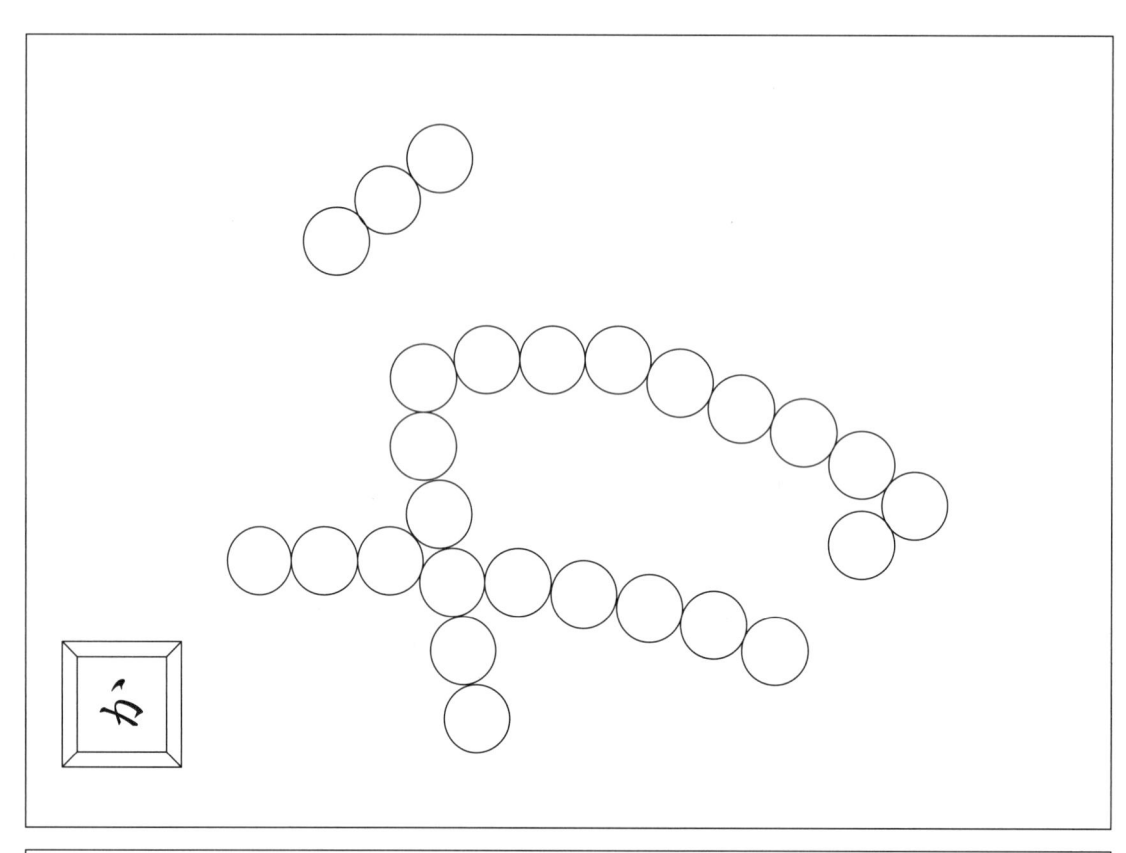

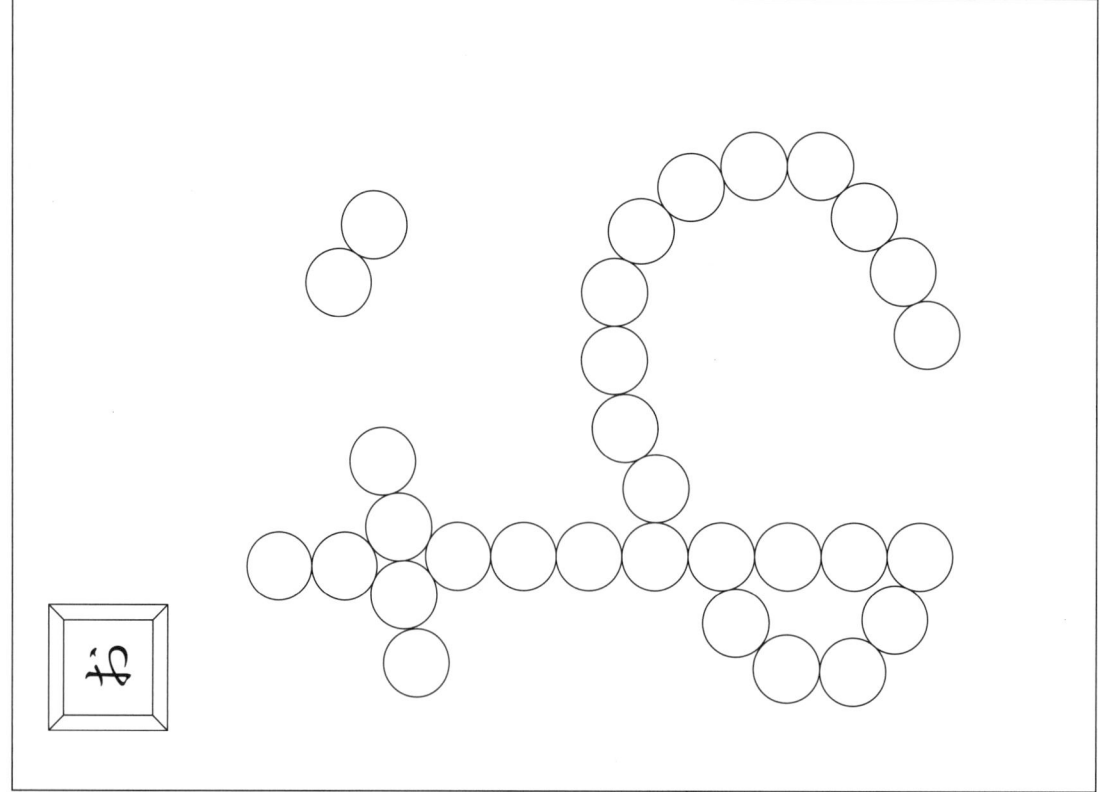

す

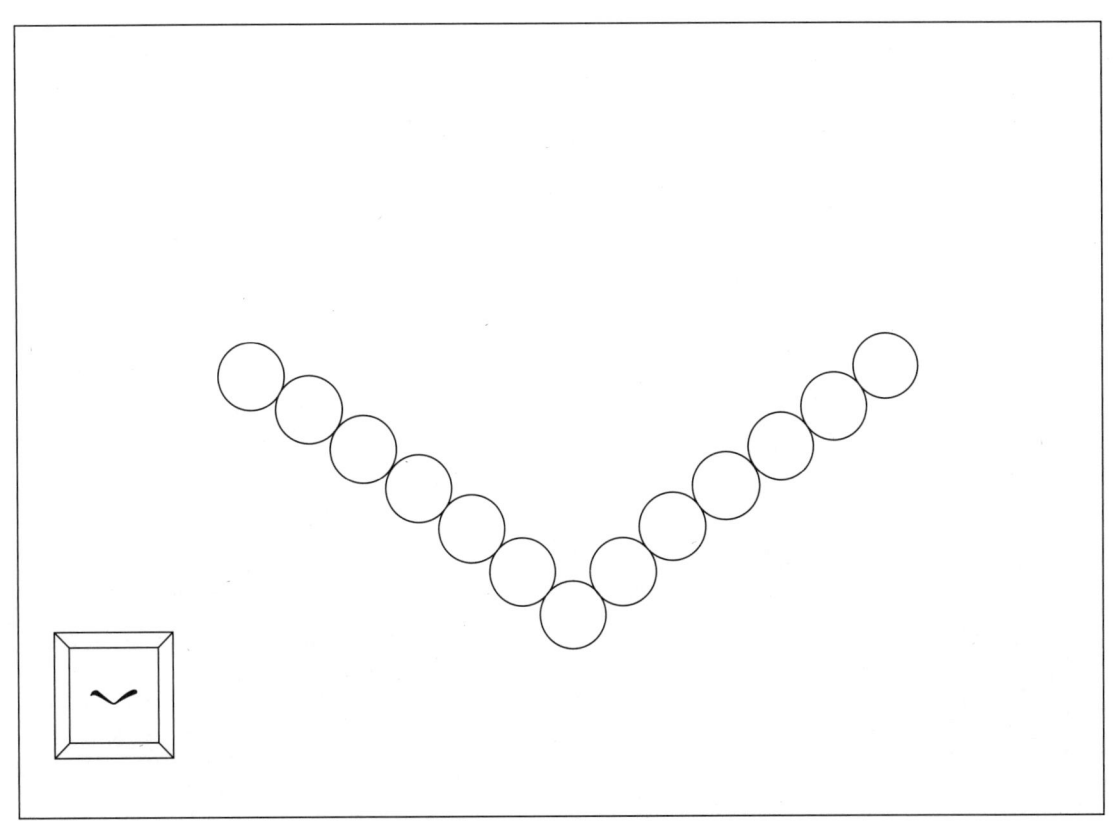

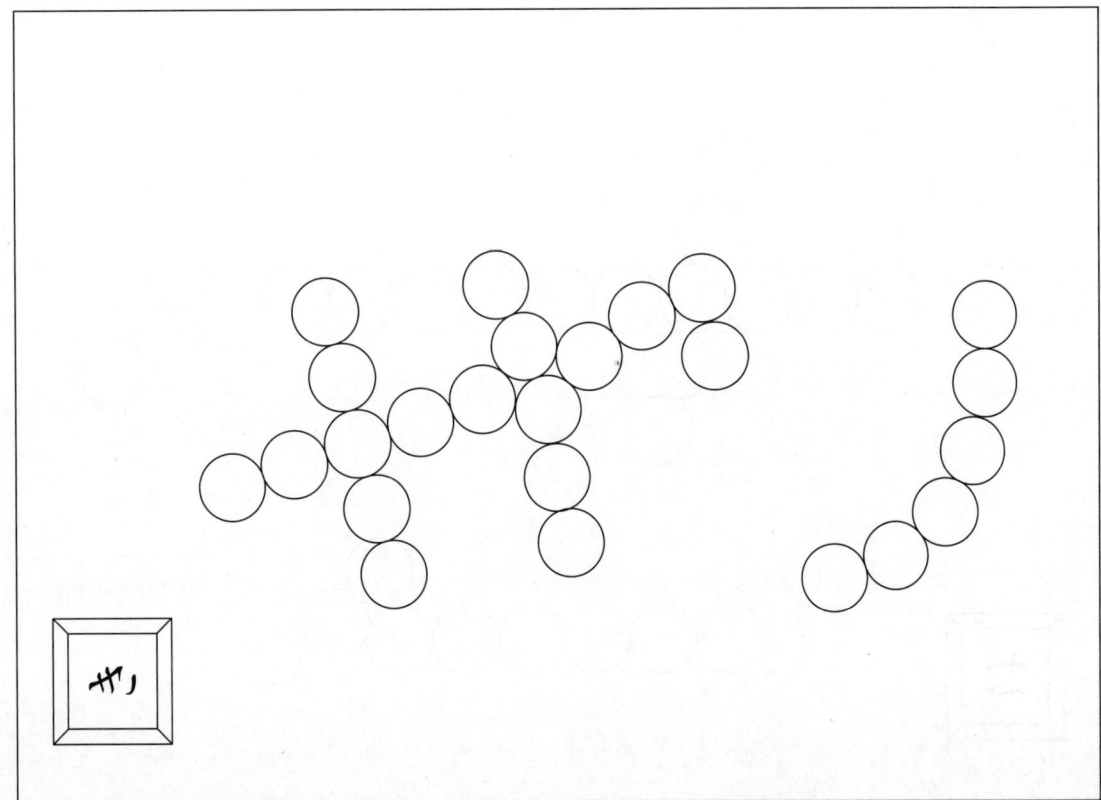

第3章　文字学習につながるシール貼りワーク

り

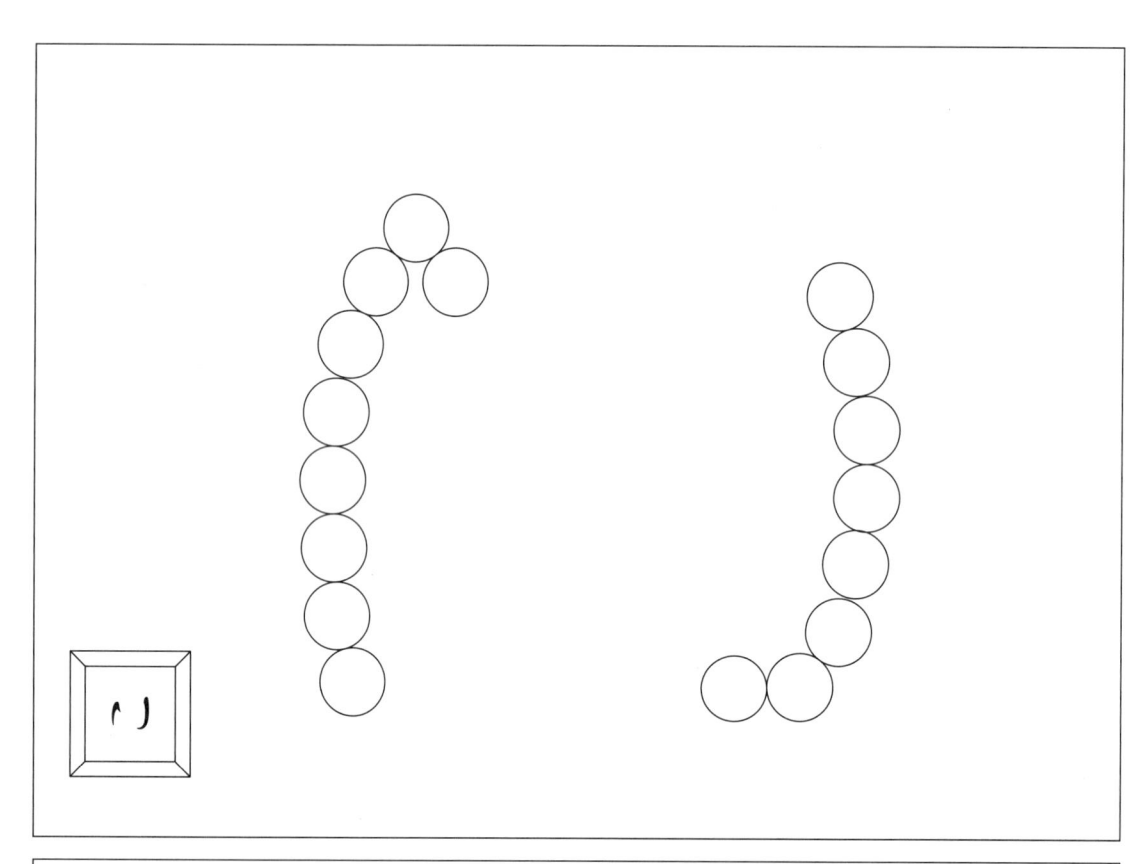

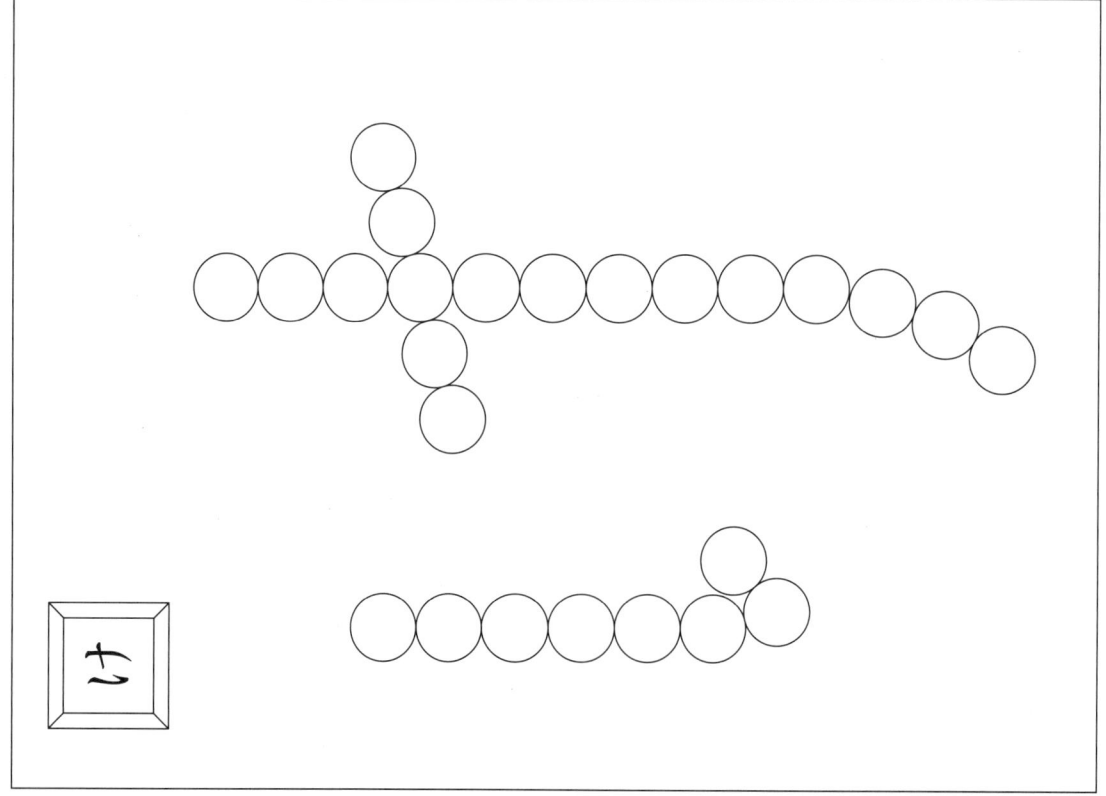

か

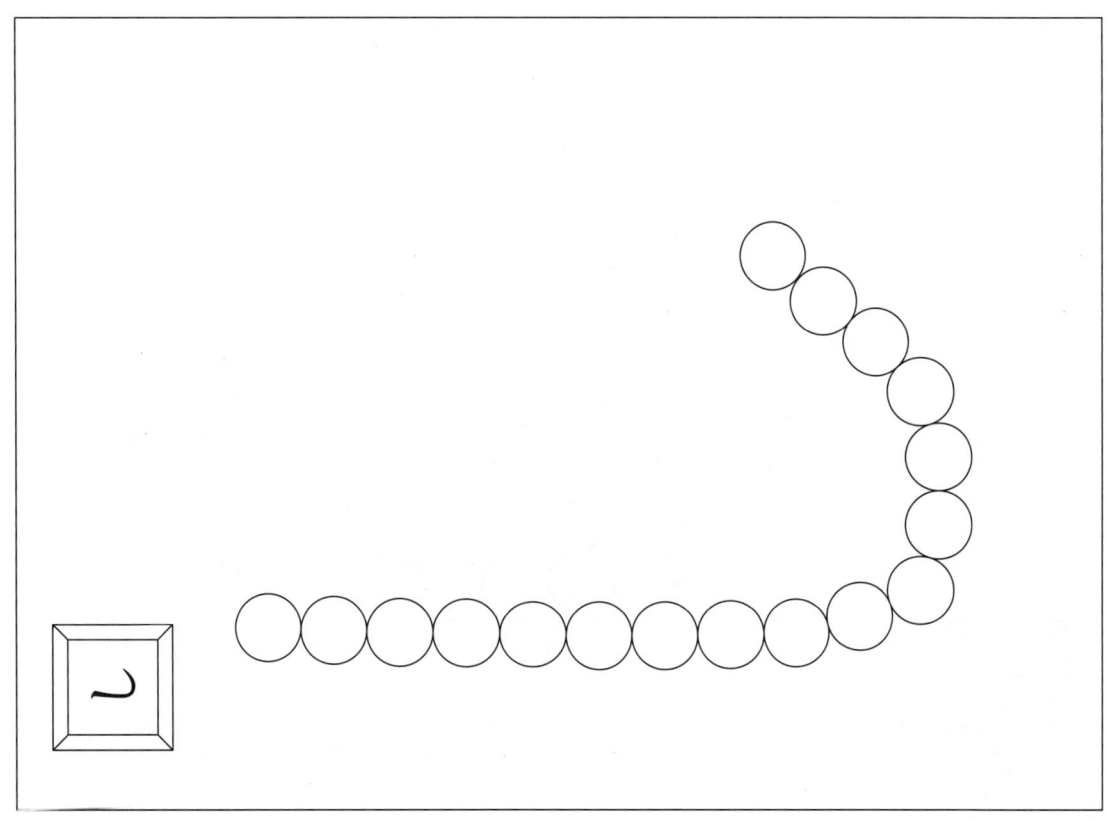

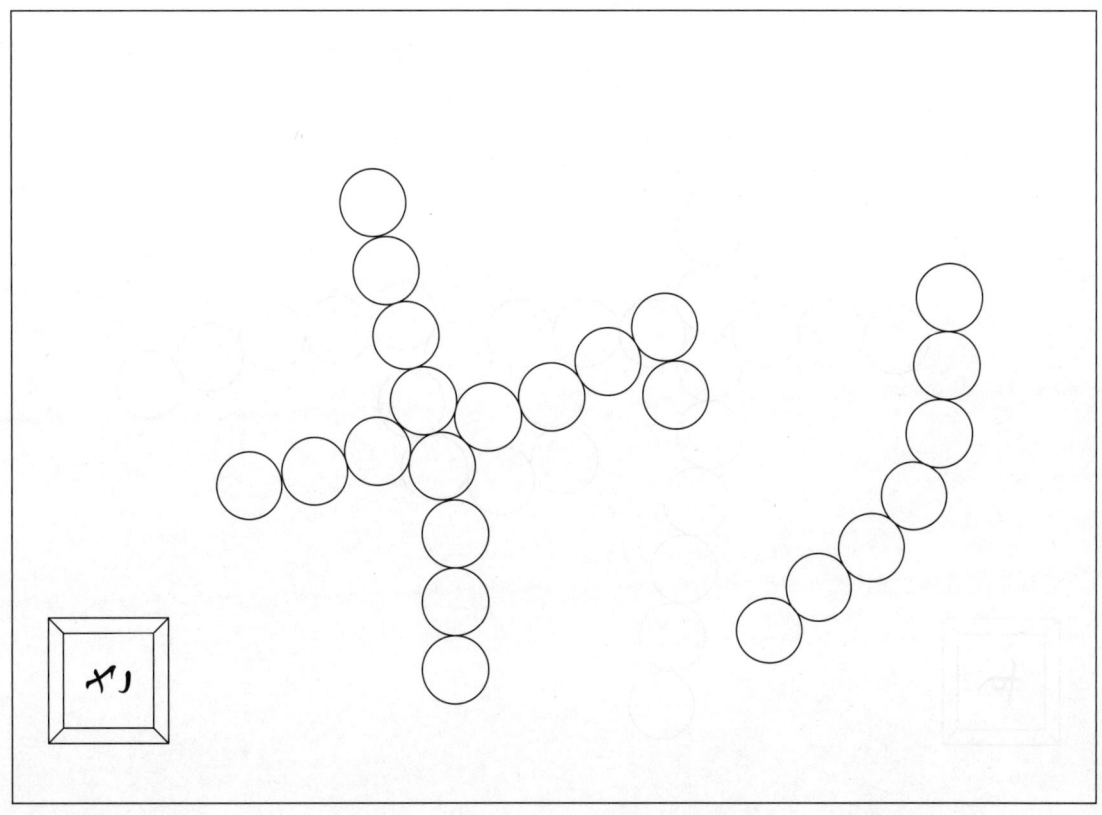

第 3 章　文字学習につながるシール貼りワーク

や

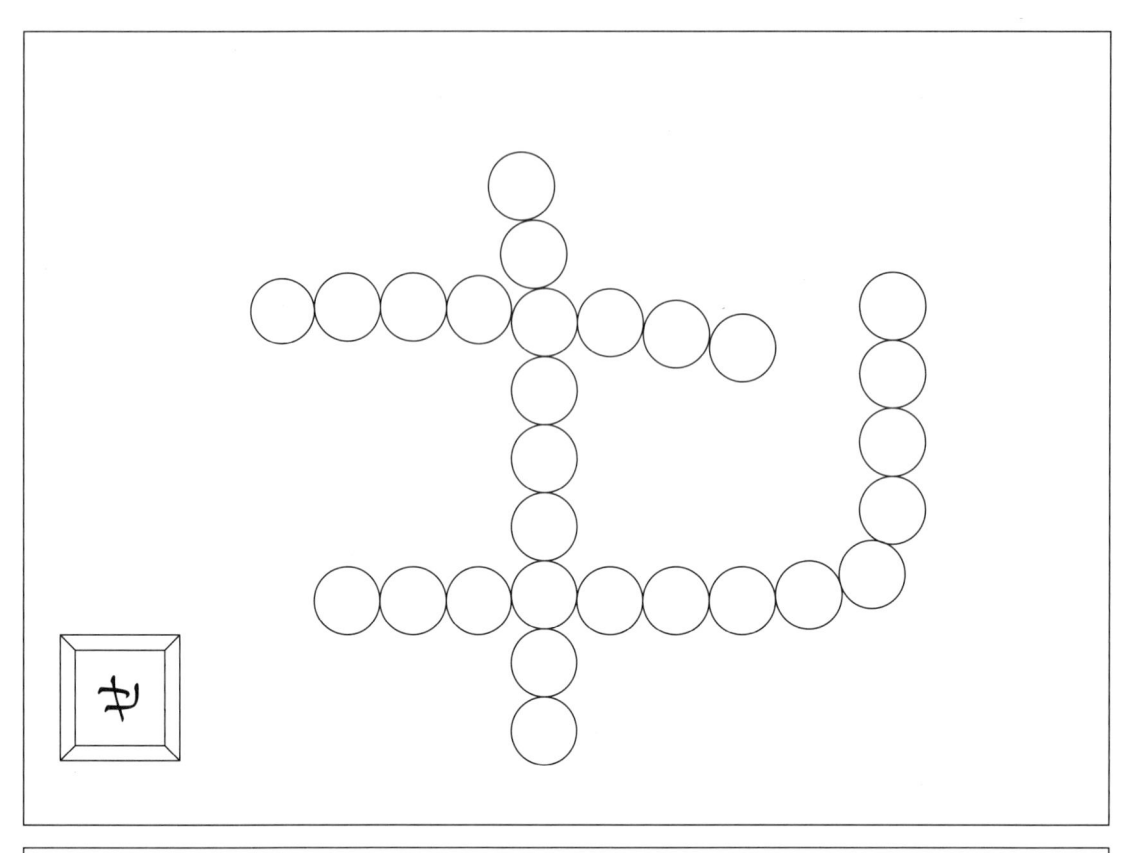

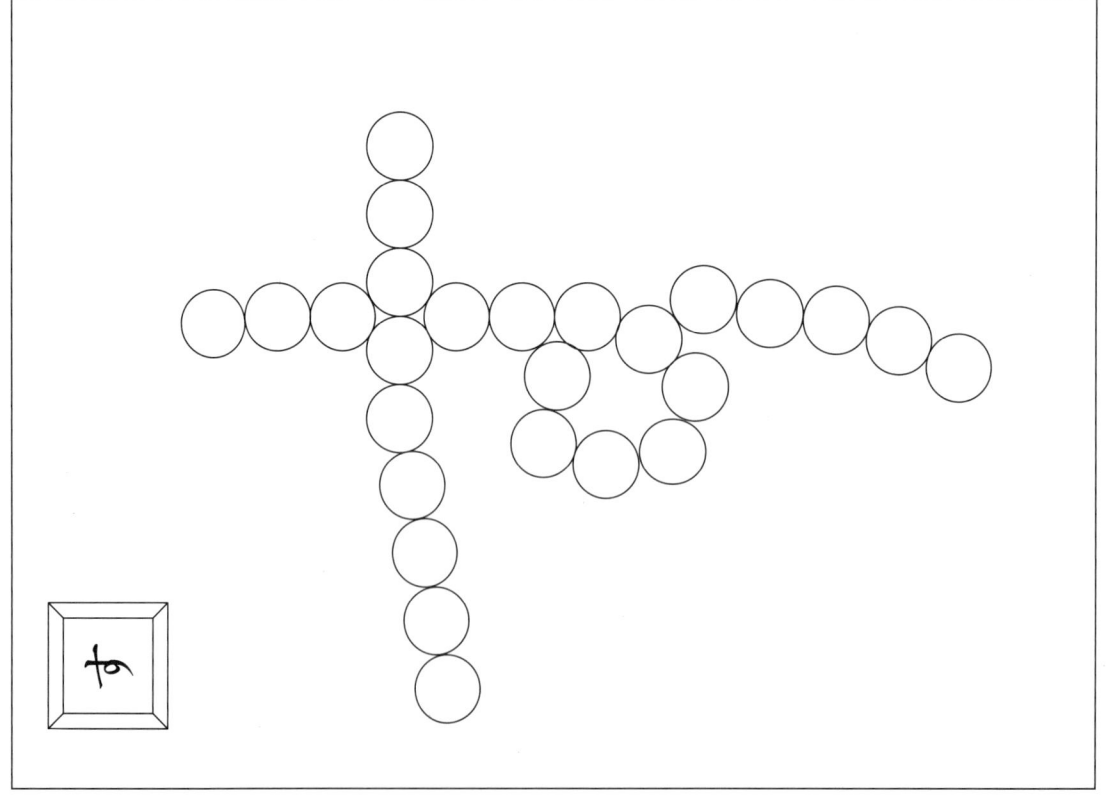

す

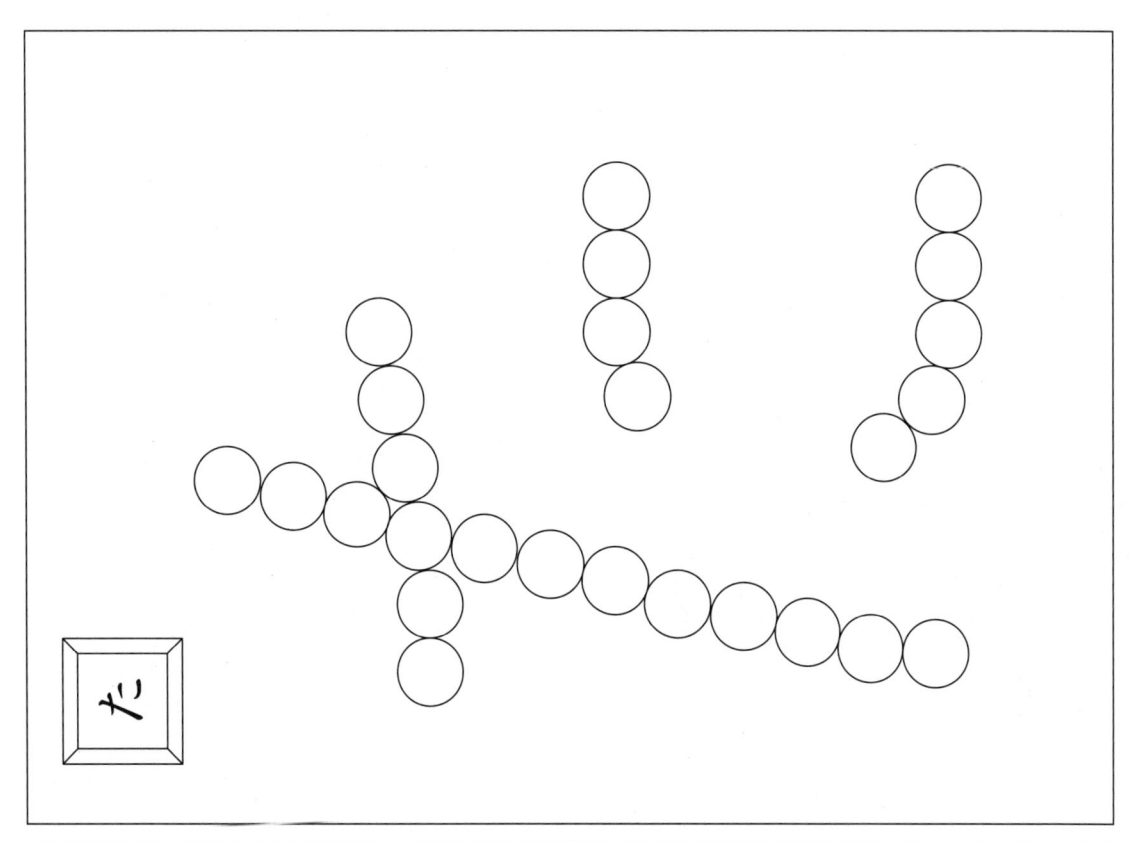

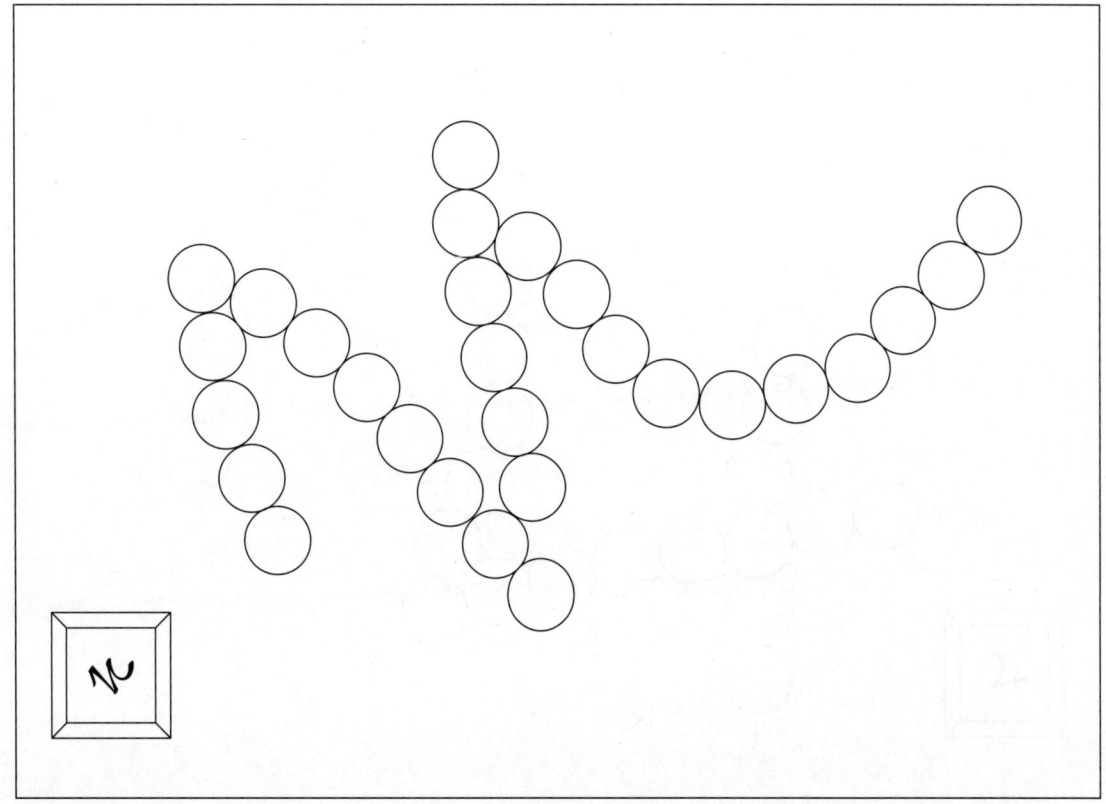

第3章　文字学習につながるシール貼りワーク　107

108

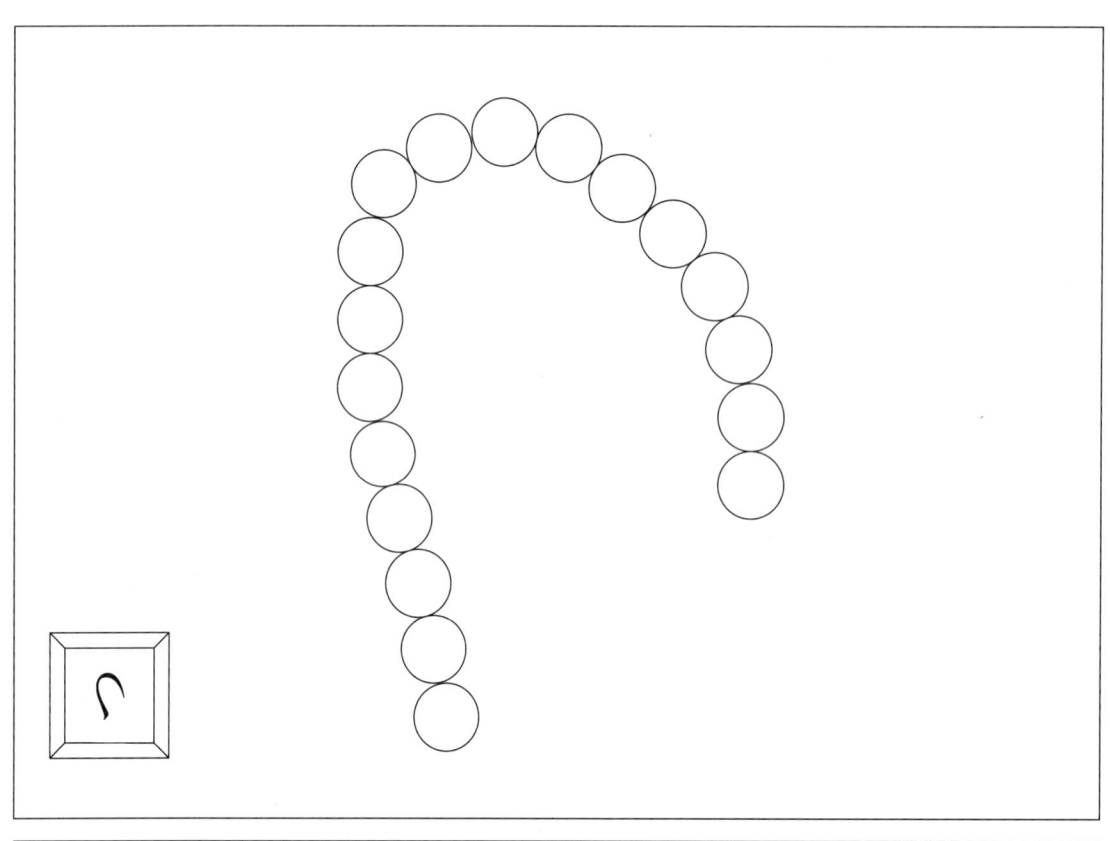

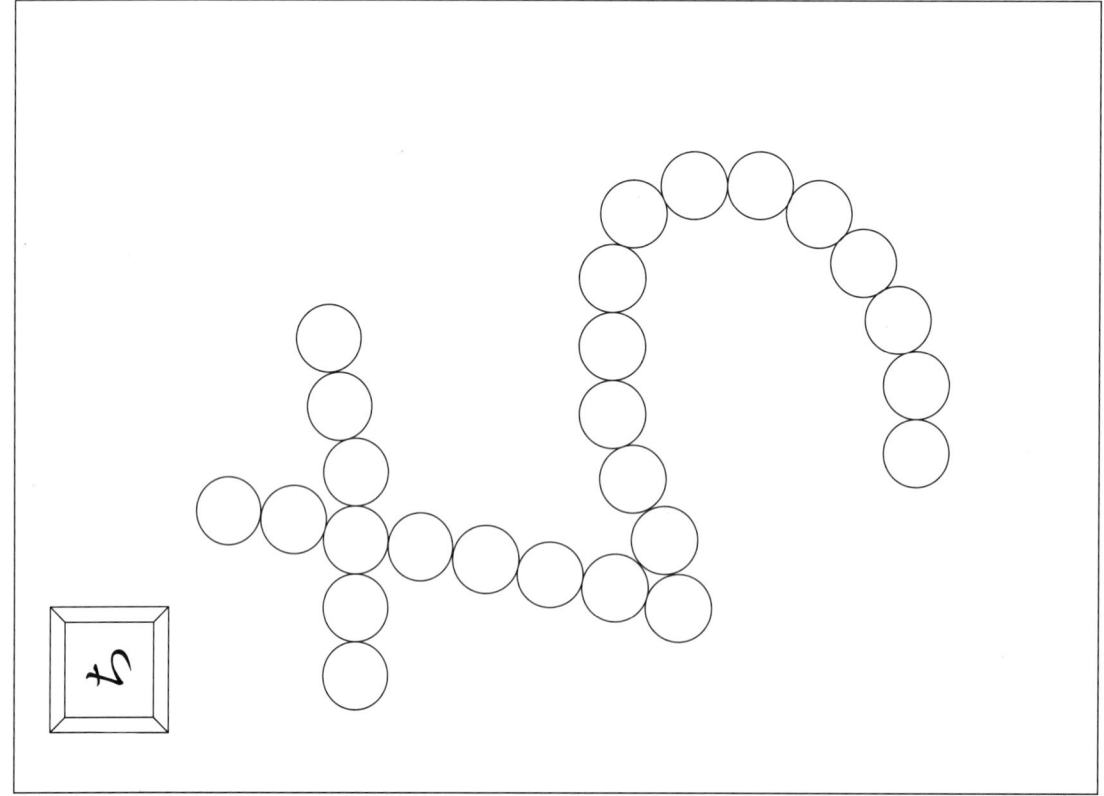

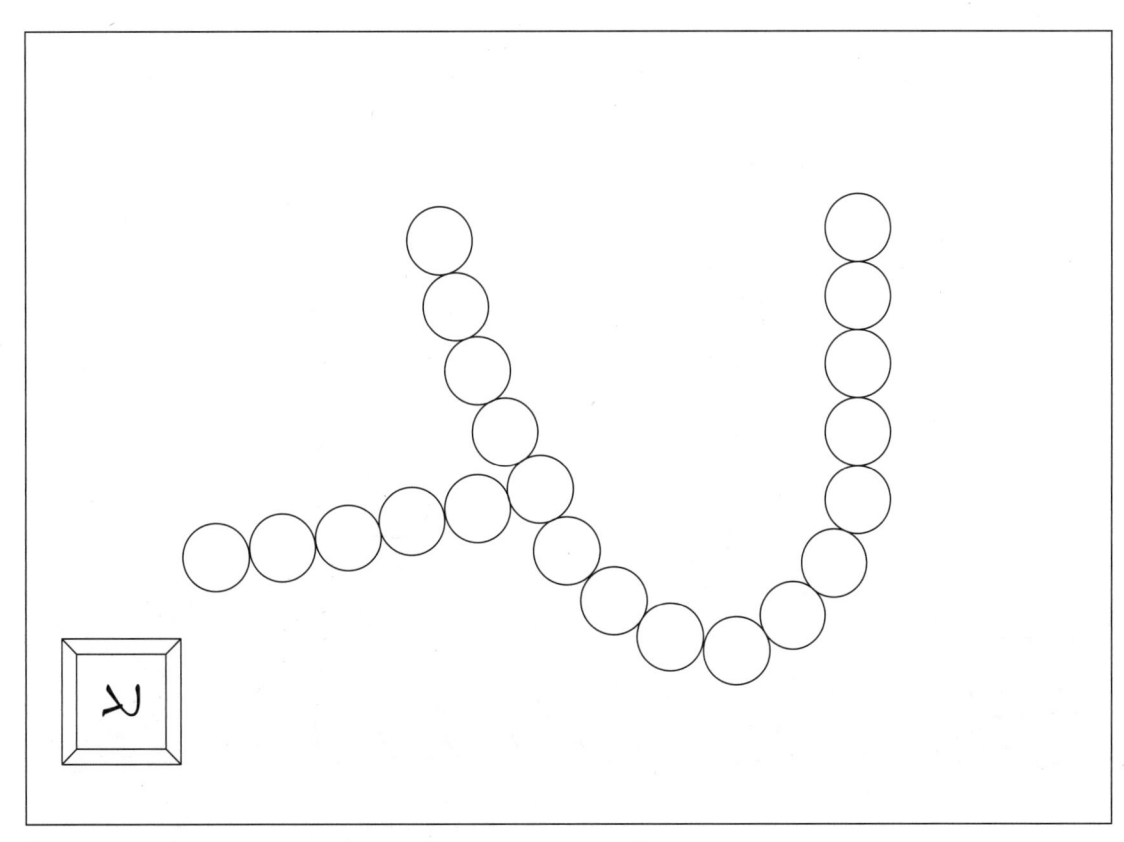

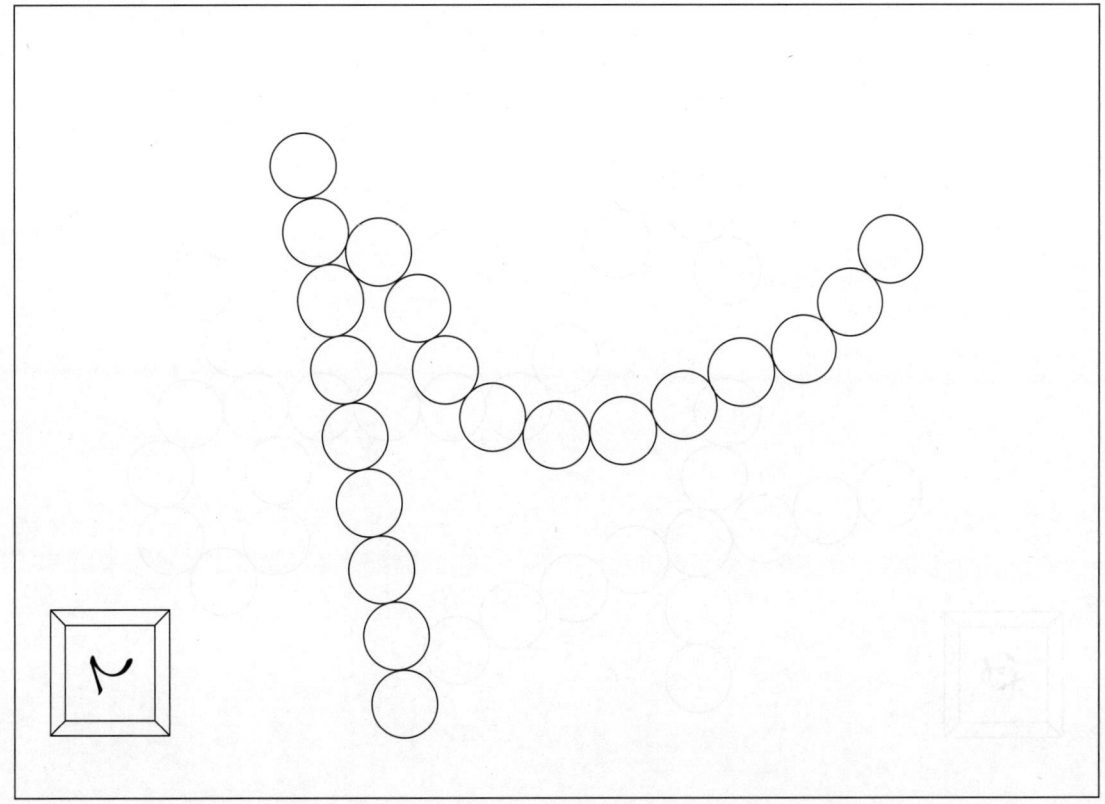

第3章　文字学習につながるシール貼りワーク　109

こ

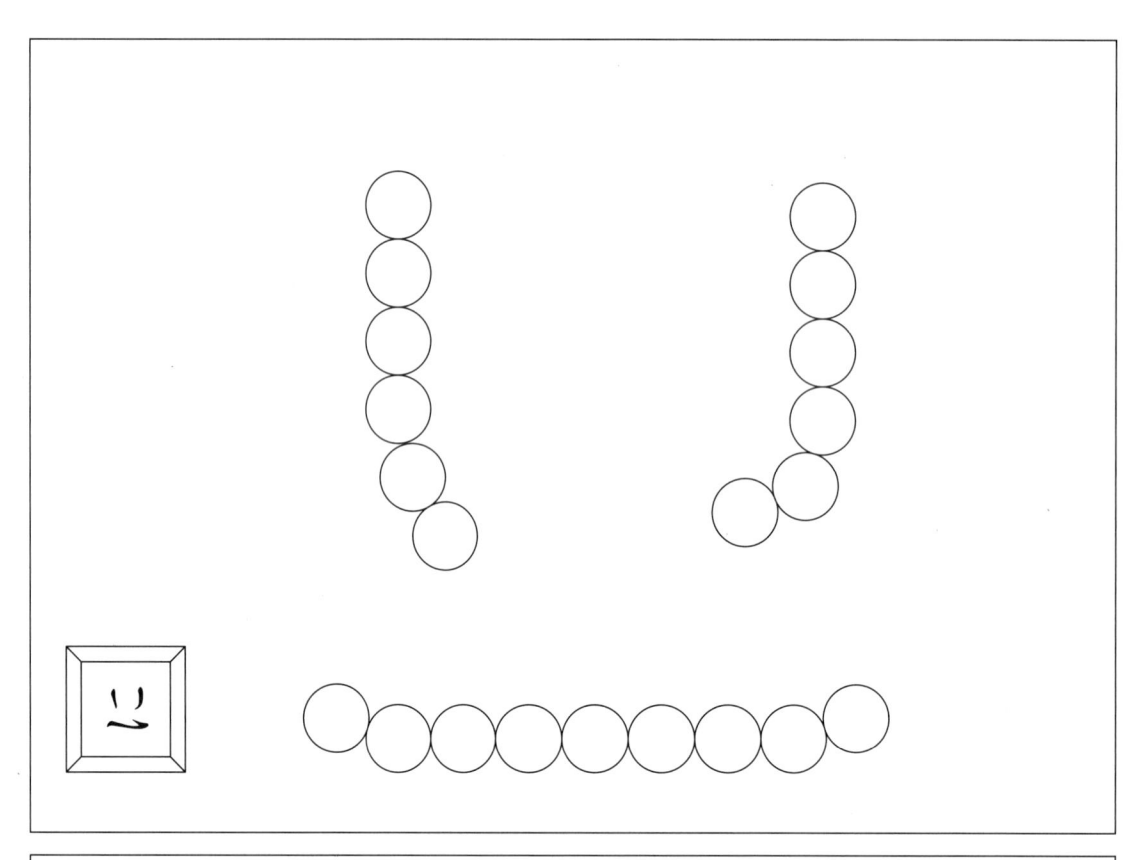

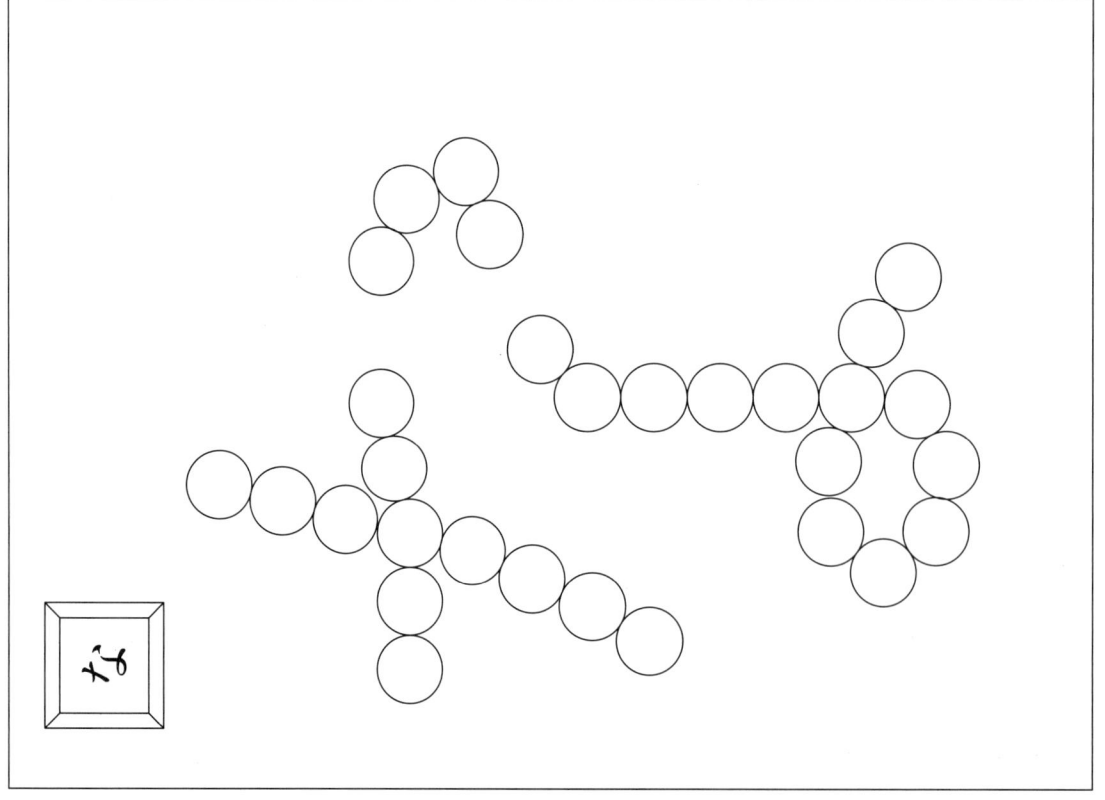

た

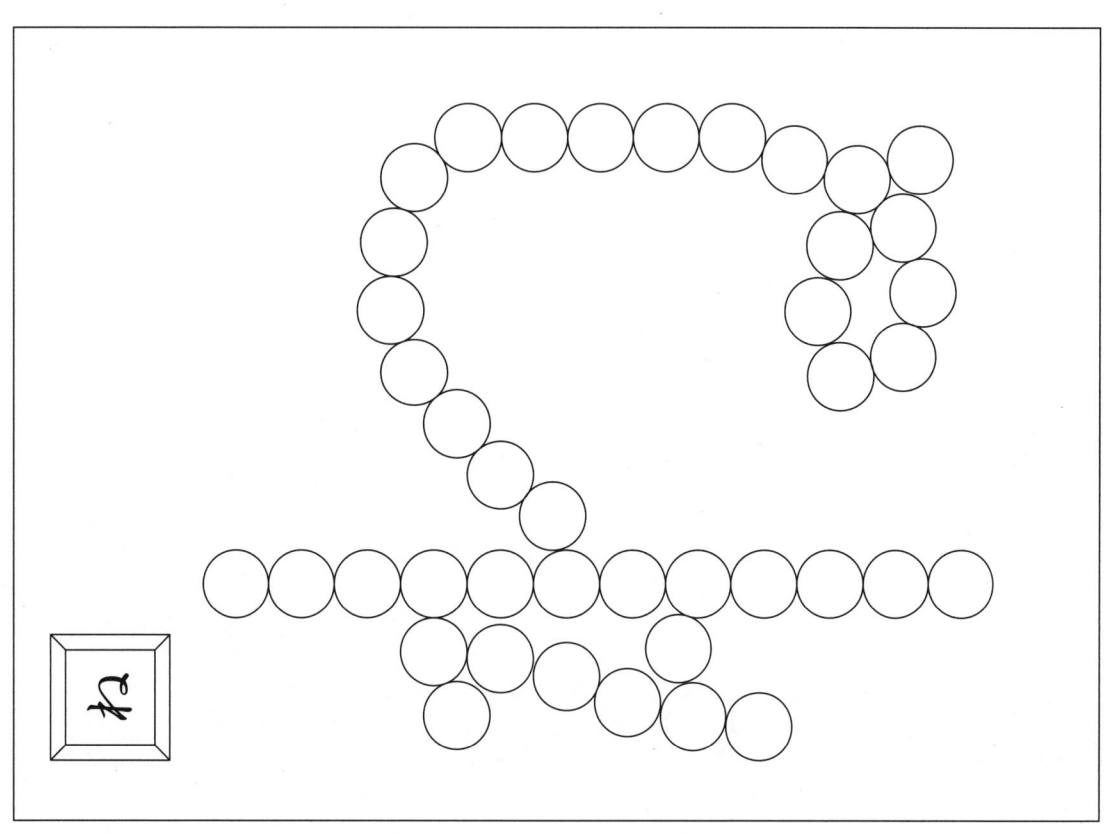

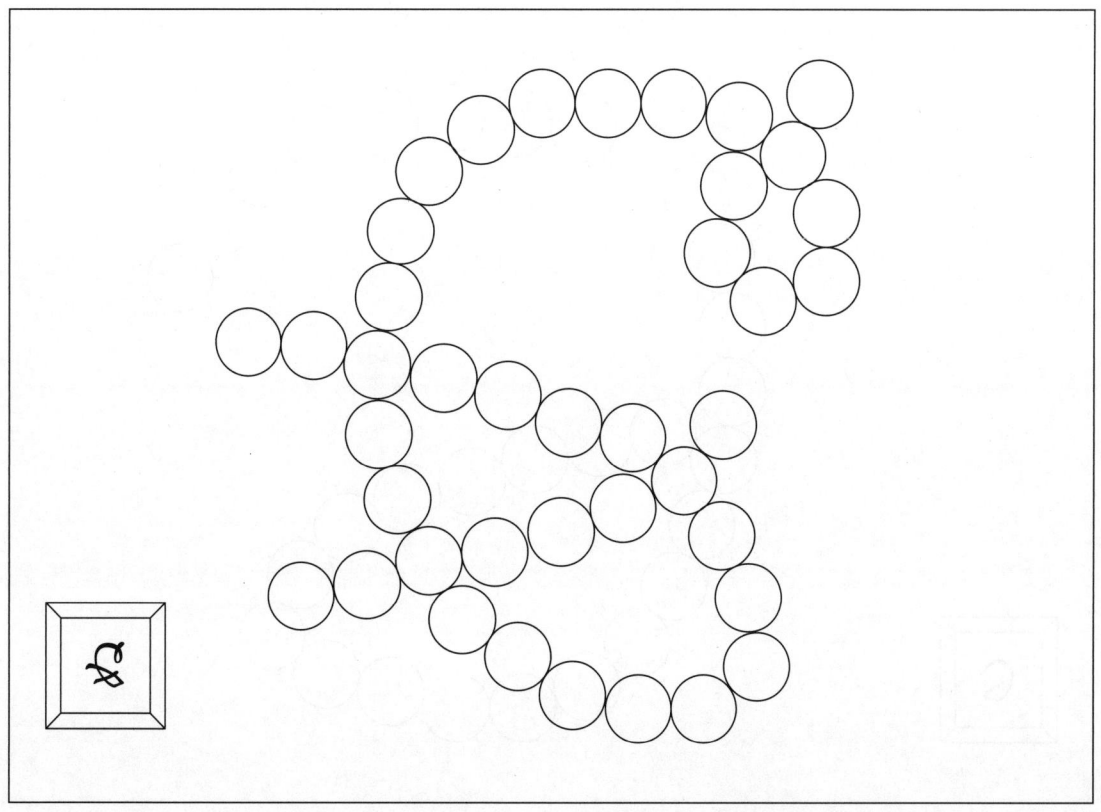

第3章　文字学習につながるシール貼りワーク　111

17

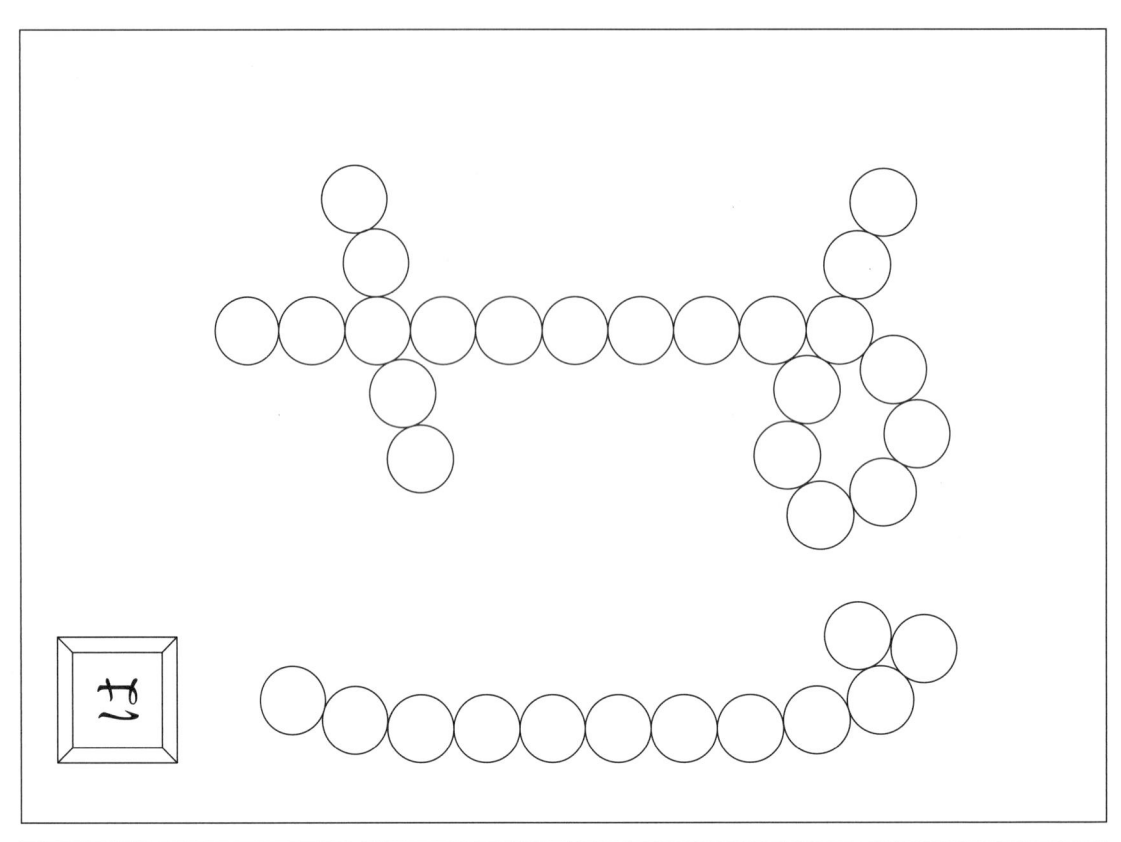

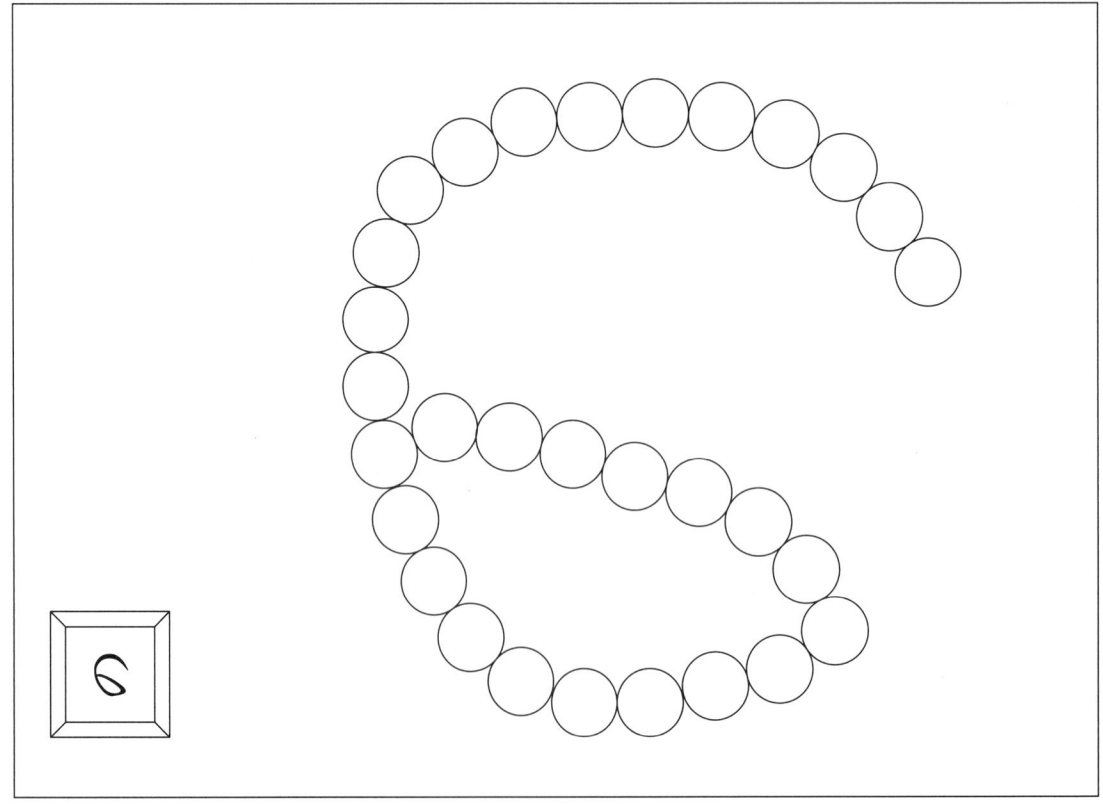

6

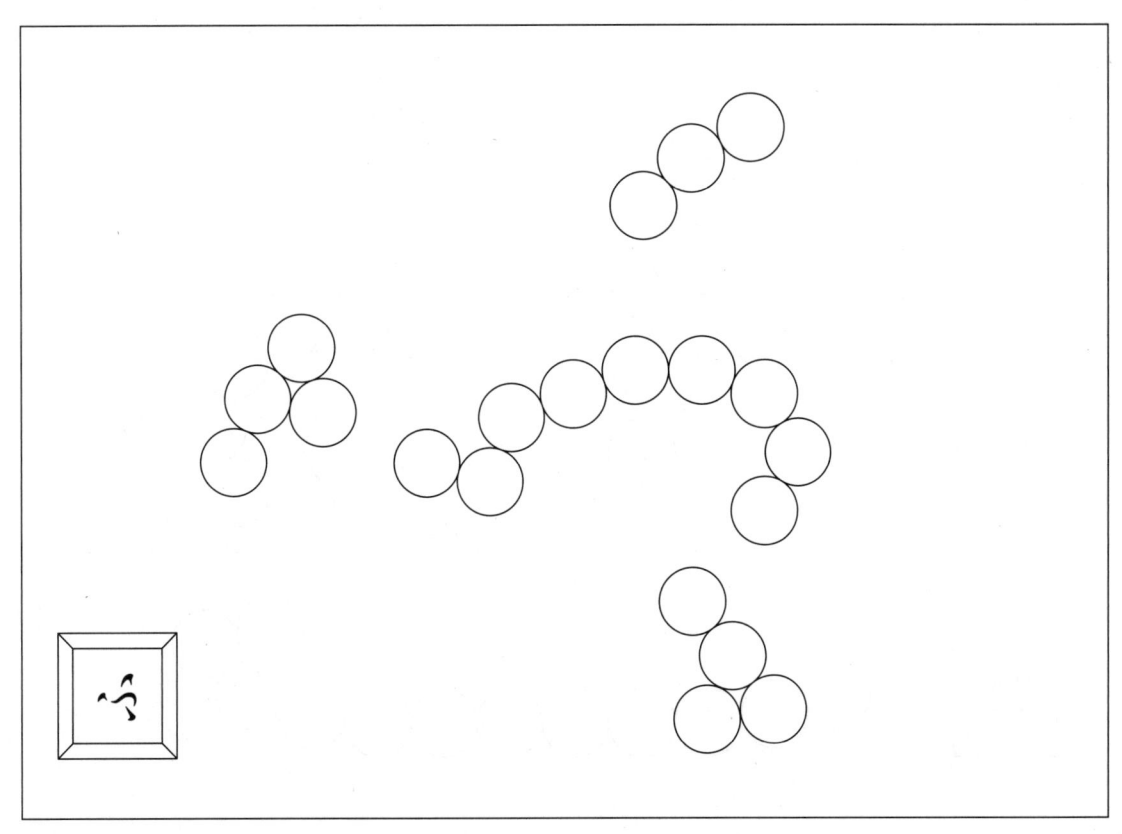

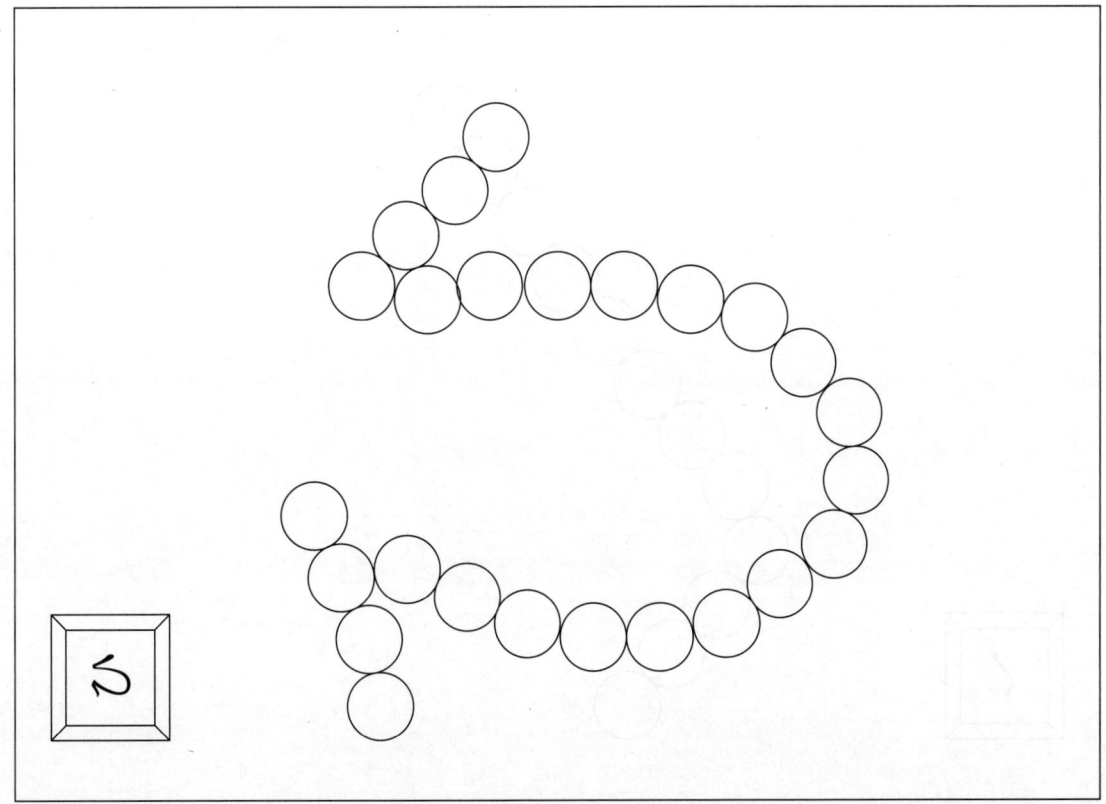

第 3 章　文字学習につながるシール貼りワーク　113

ほ

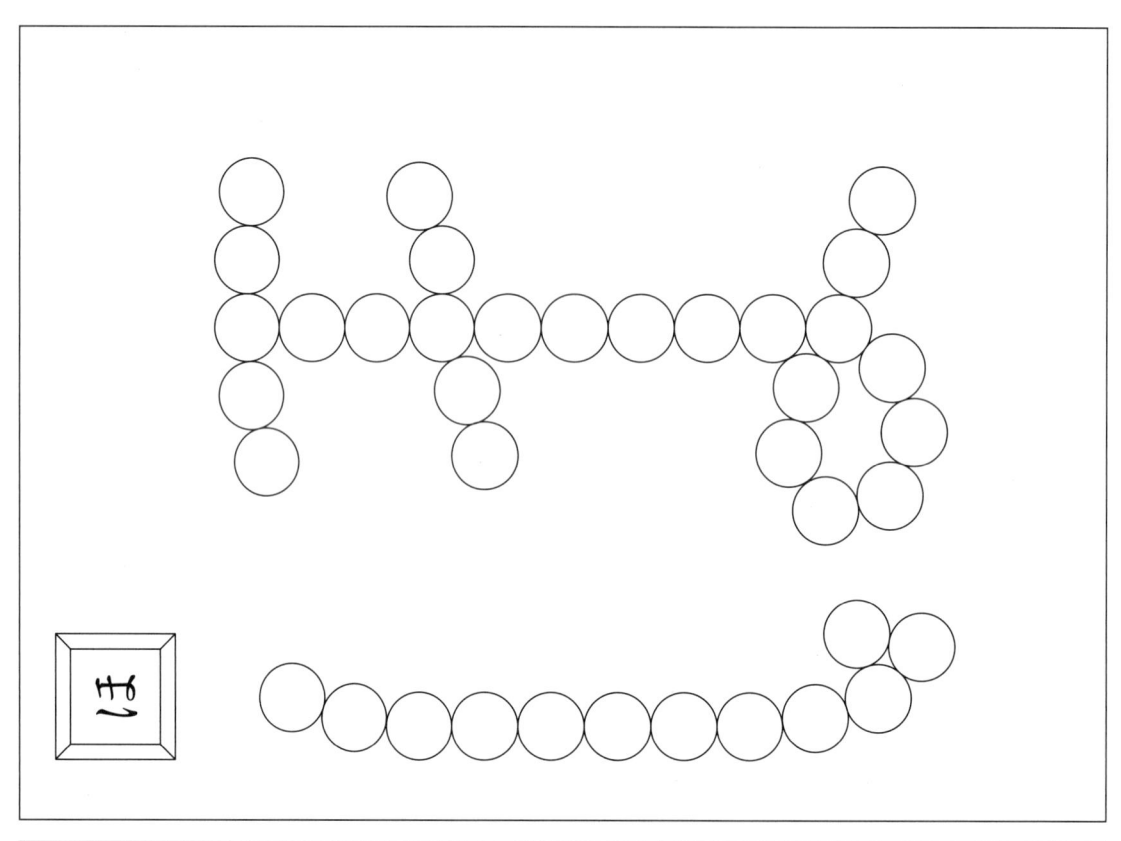

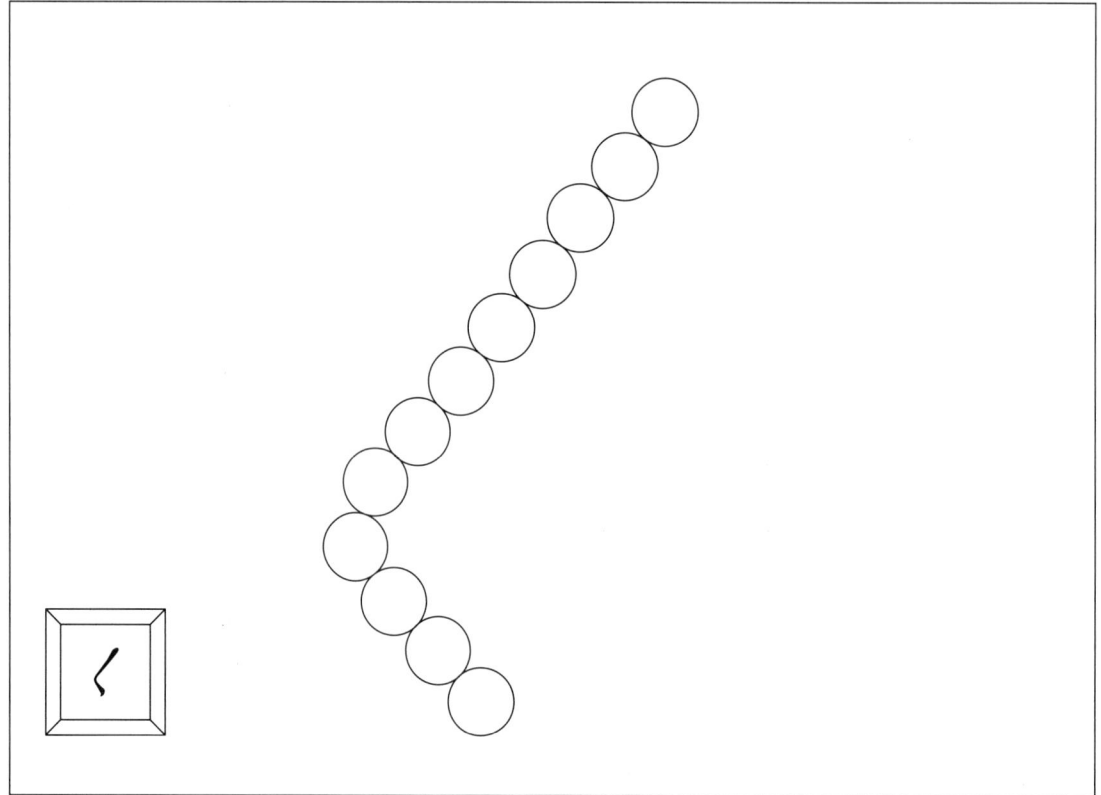

く

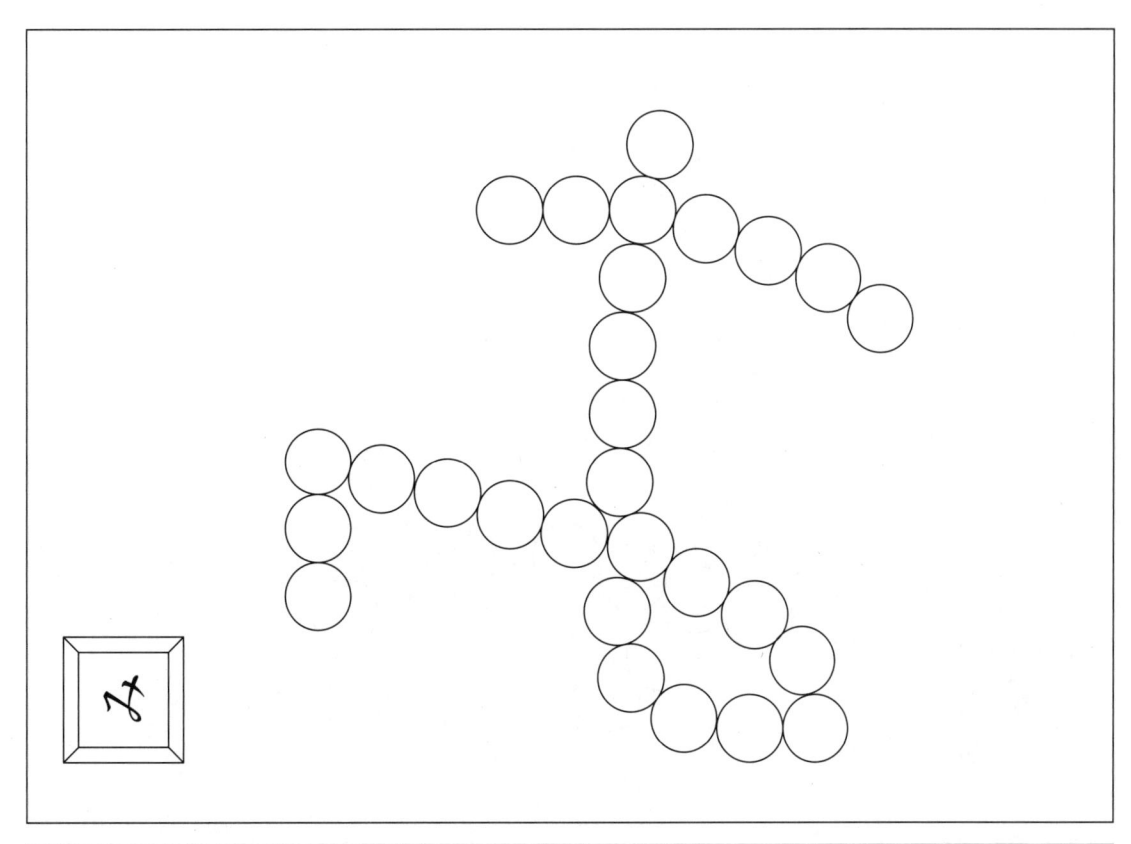

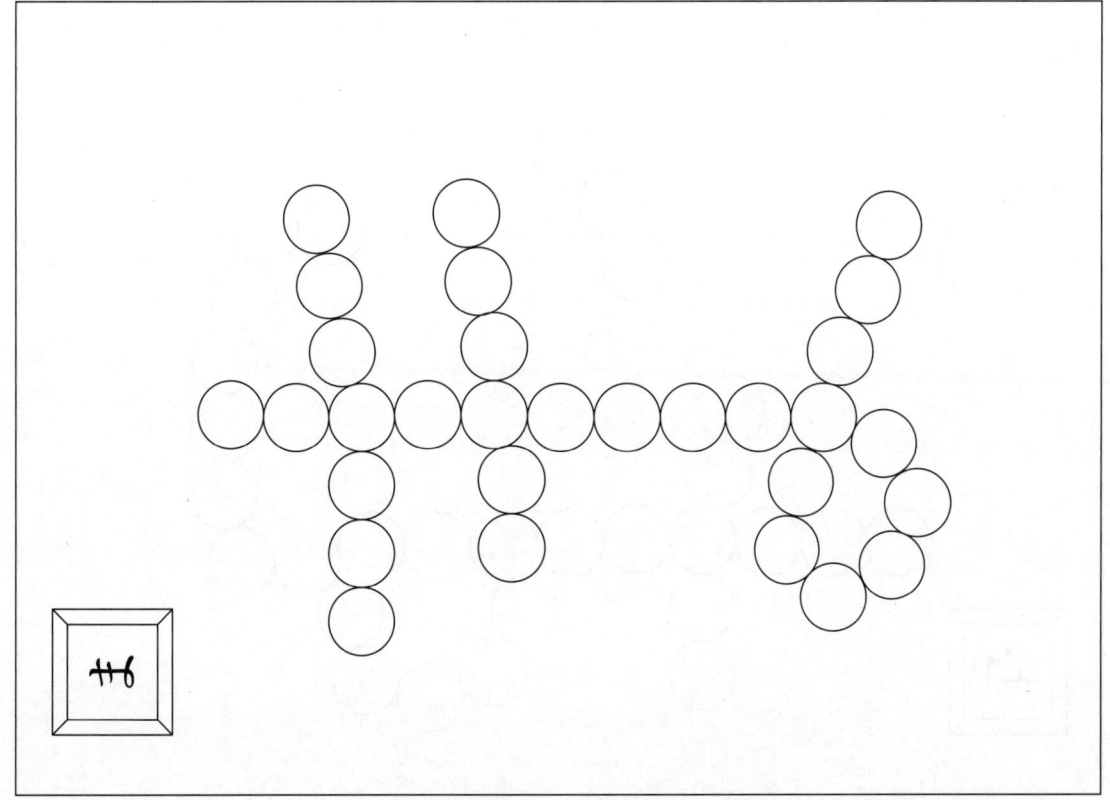

第 3 章　文字学習につながるシール貼りワーク

116

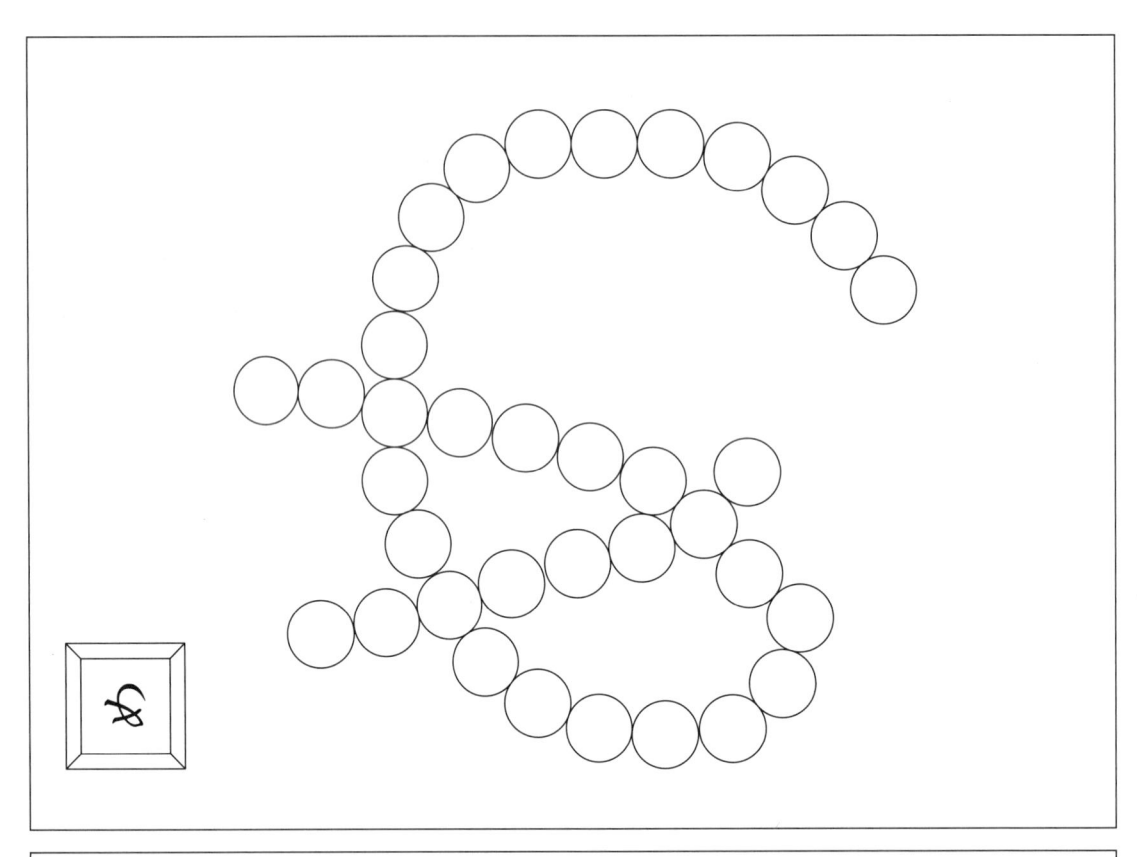

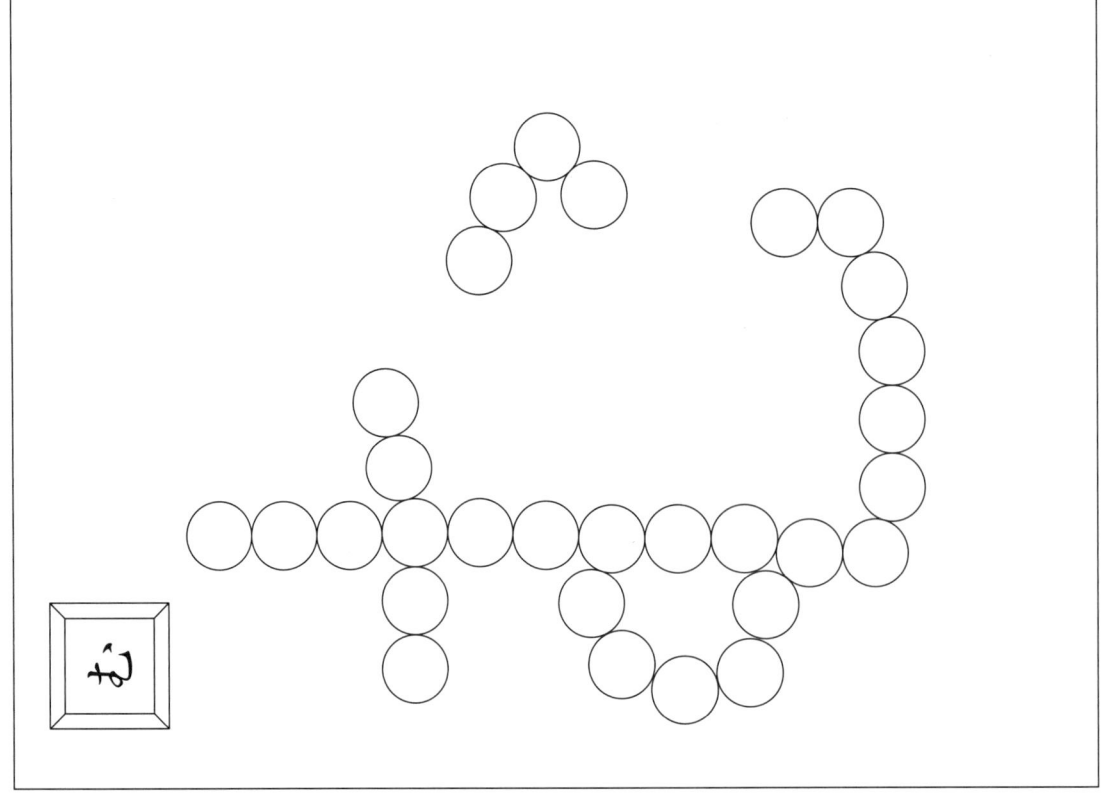

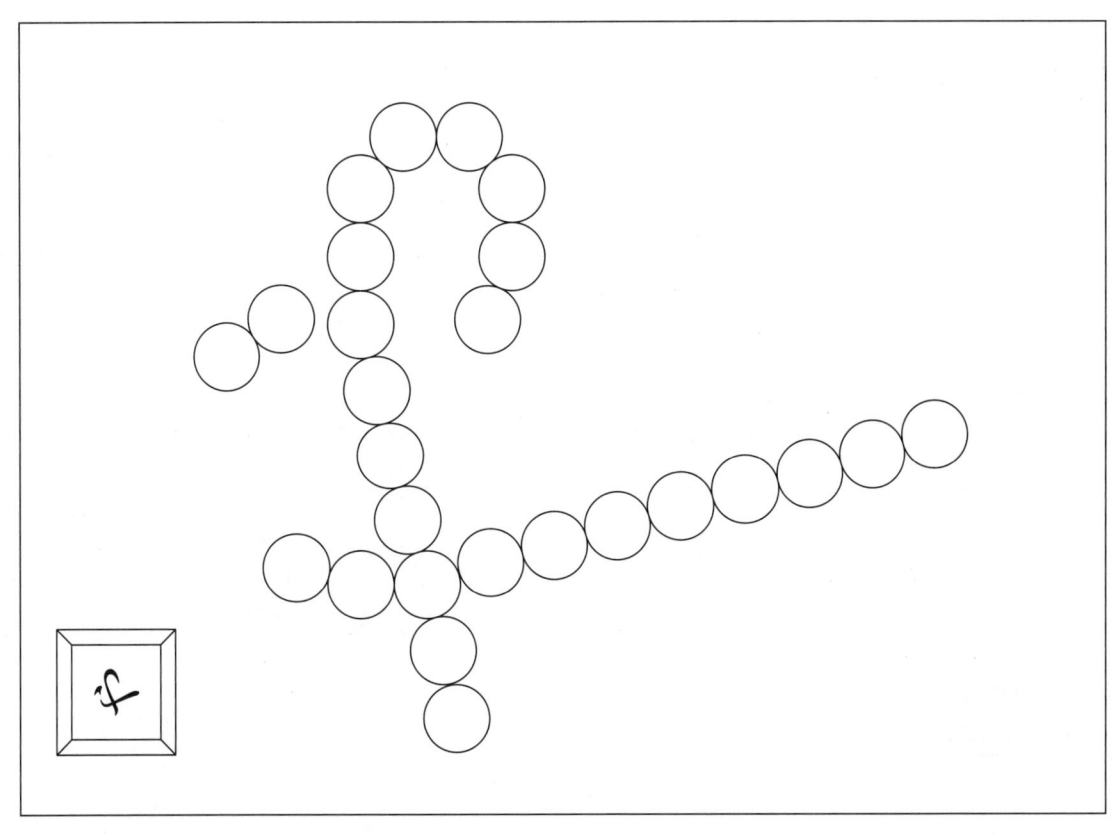

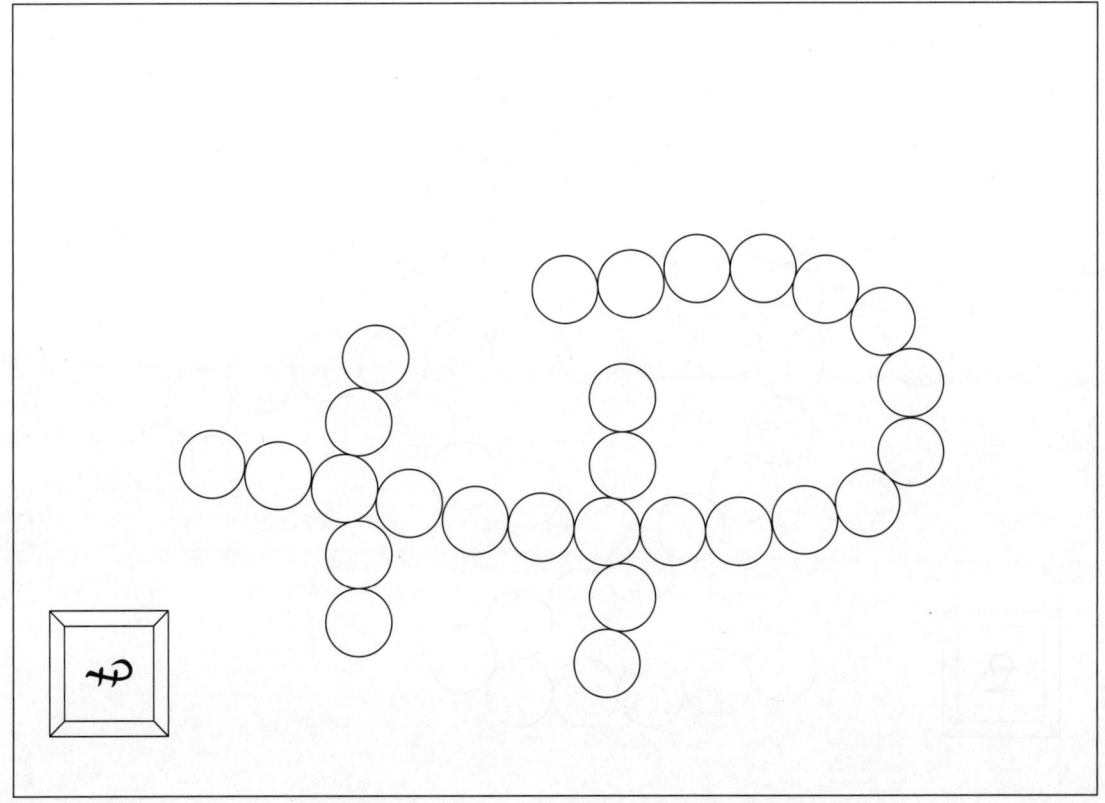

第3章　文字学習につながるシール貼りワーク

118

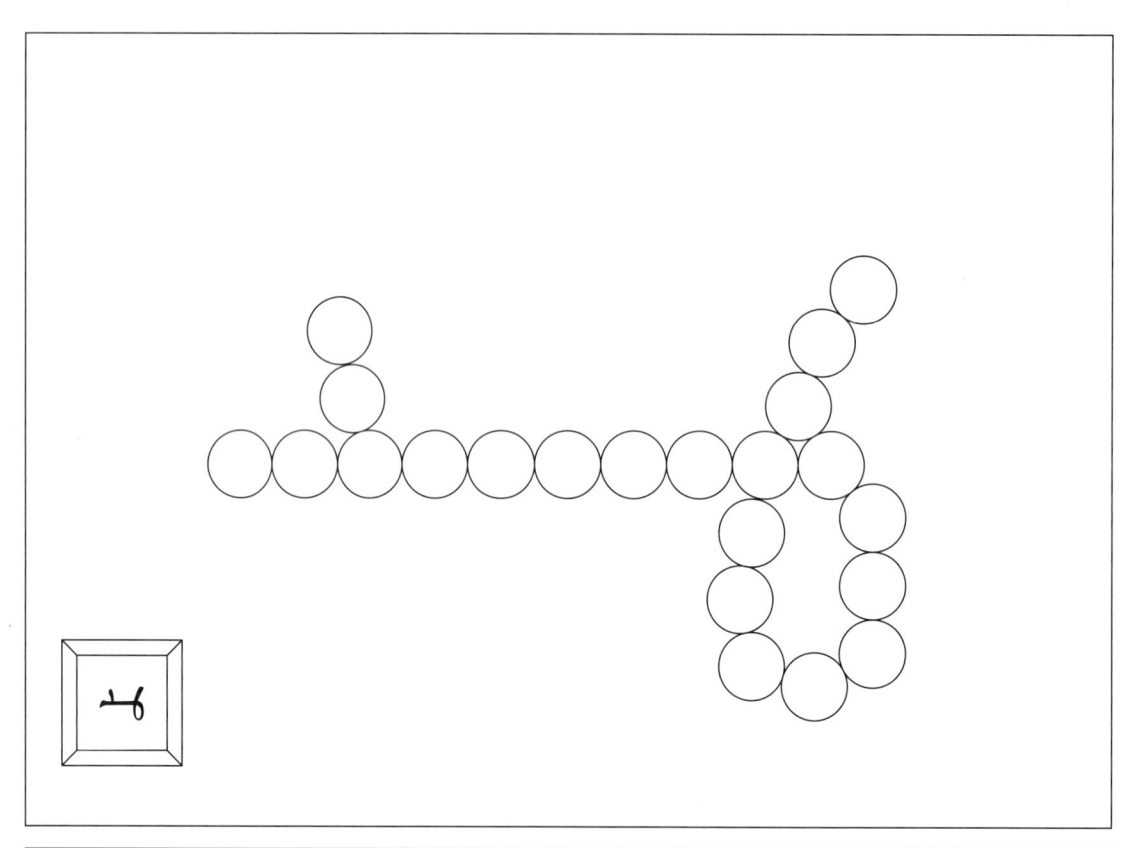

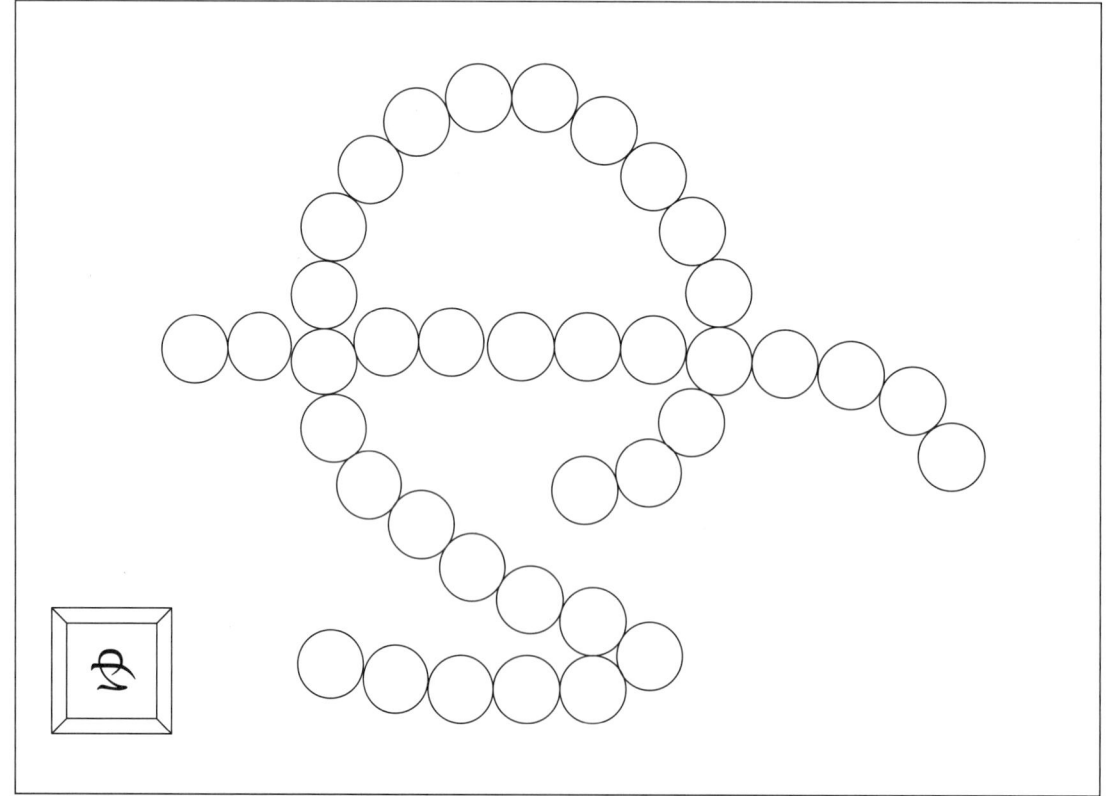

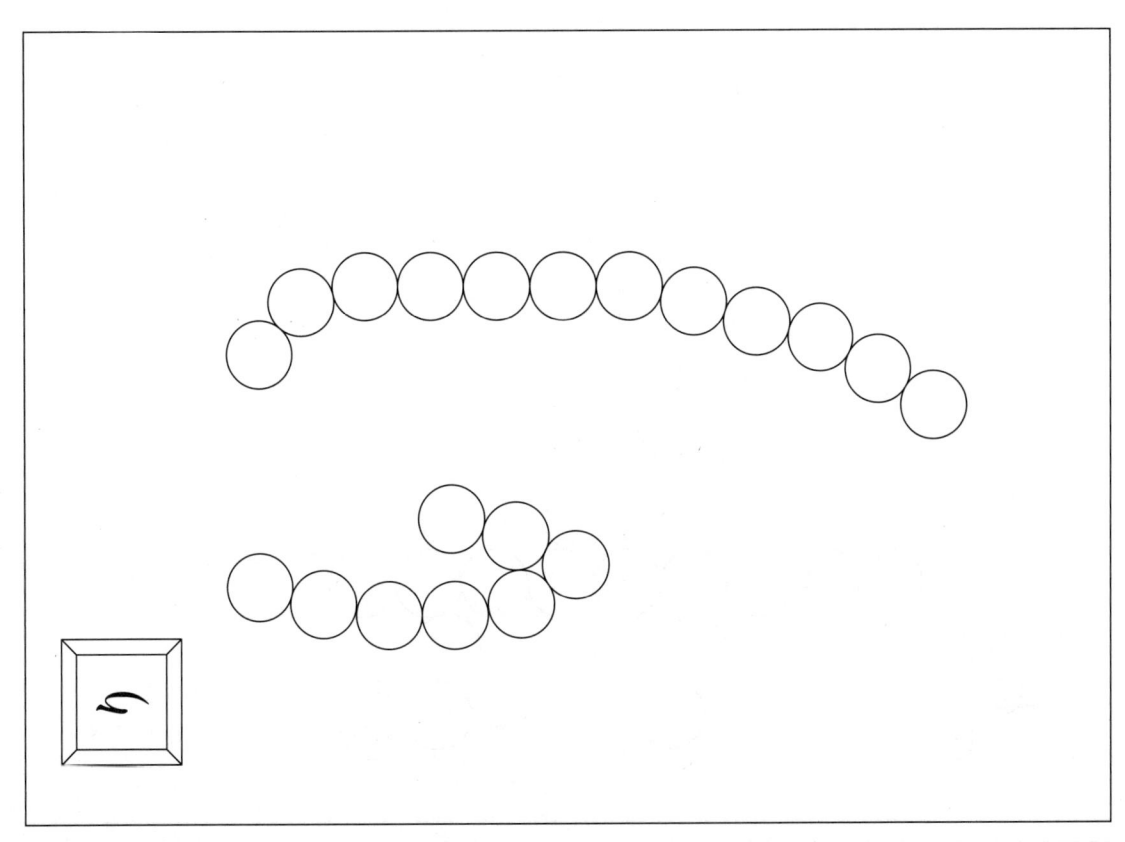

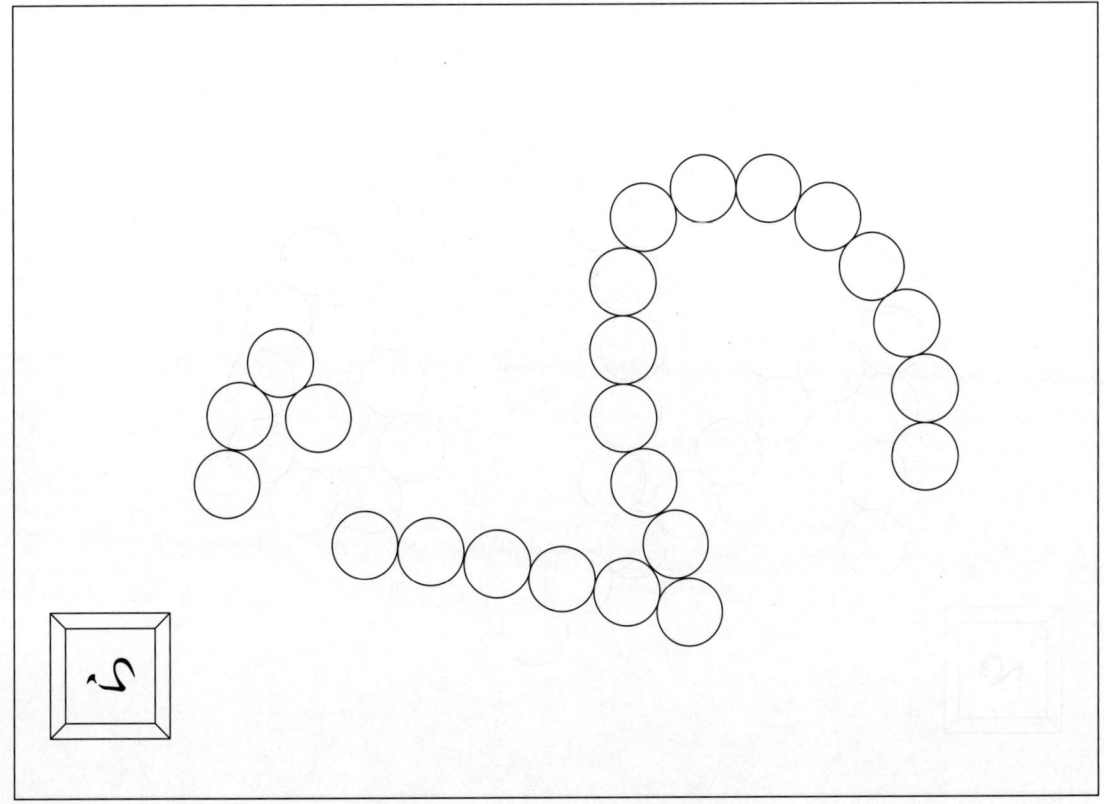

第3章　文字学習につながるシール貼りワーク　119

れ

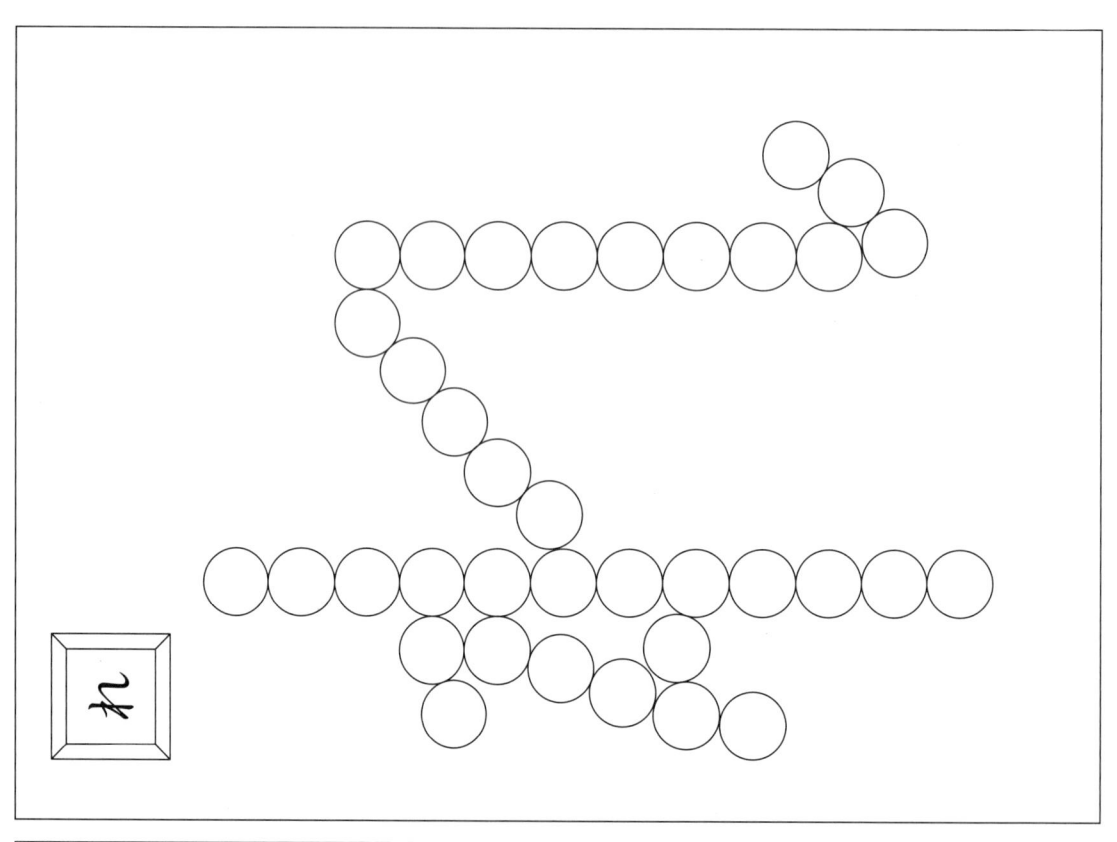

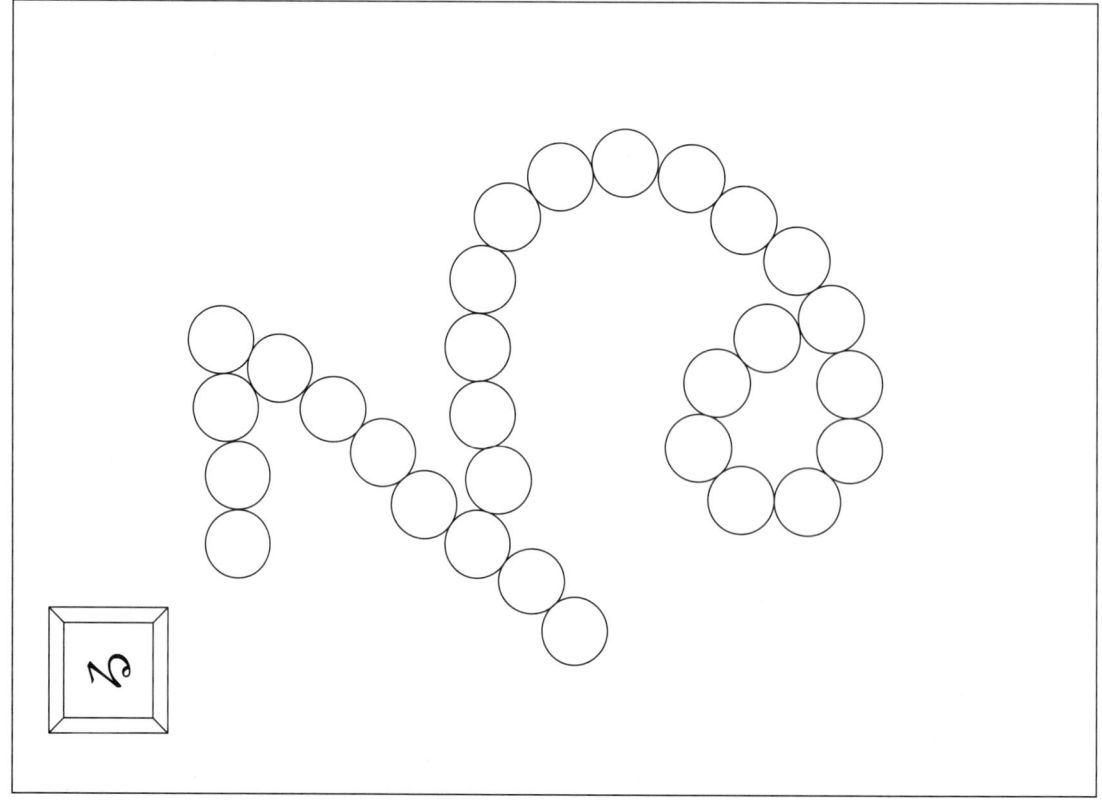

る

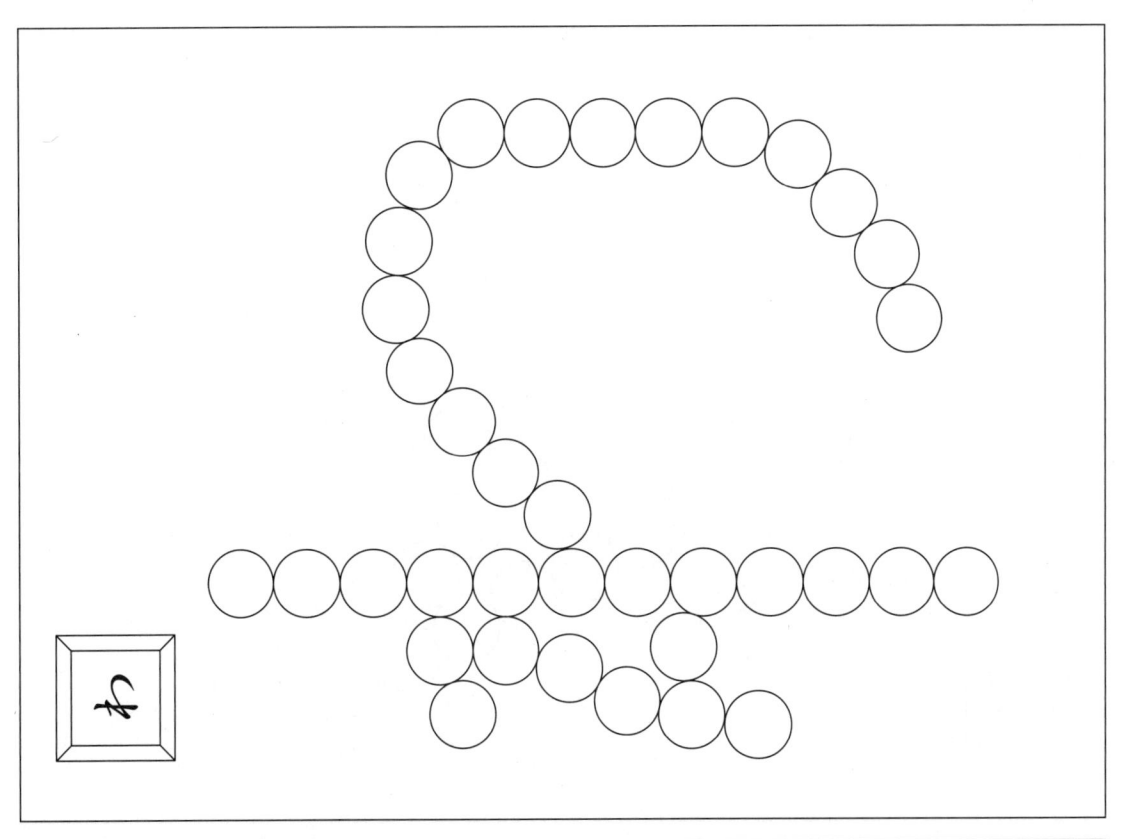

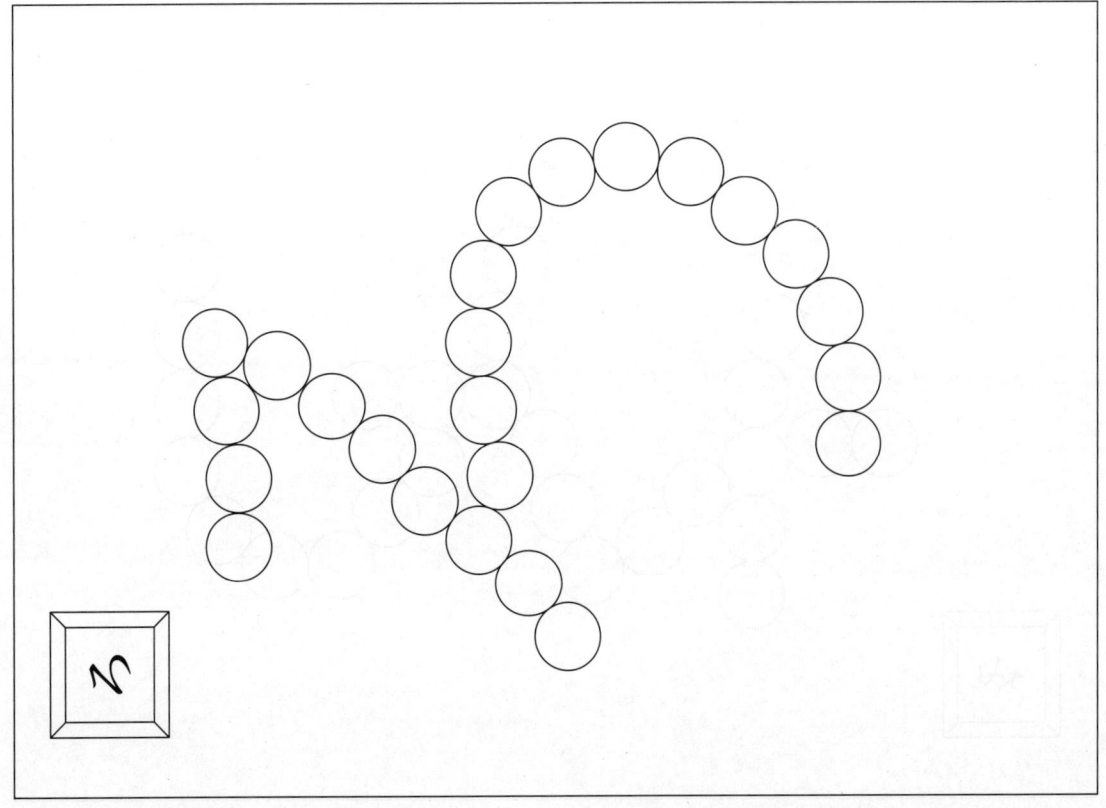

第3章 文字学習につながるシール貼りワーク

ん

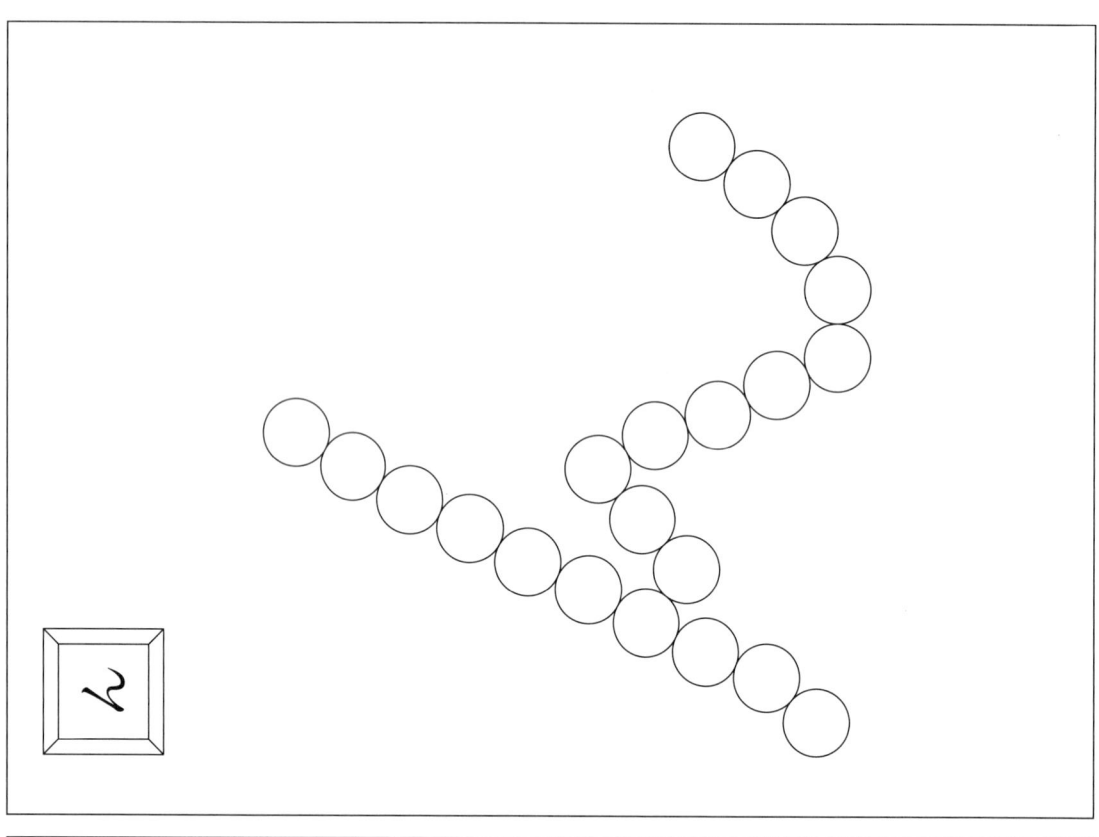

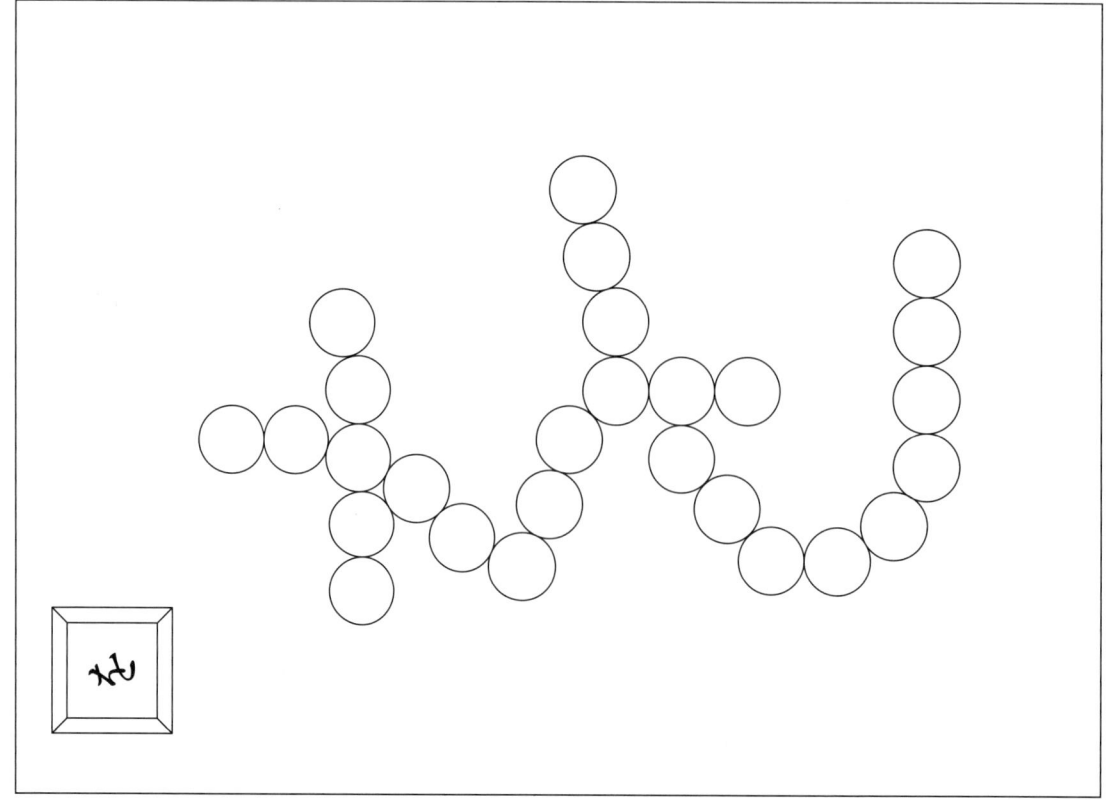

み

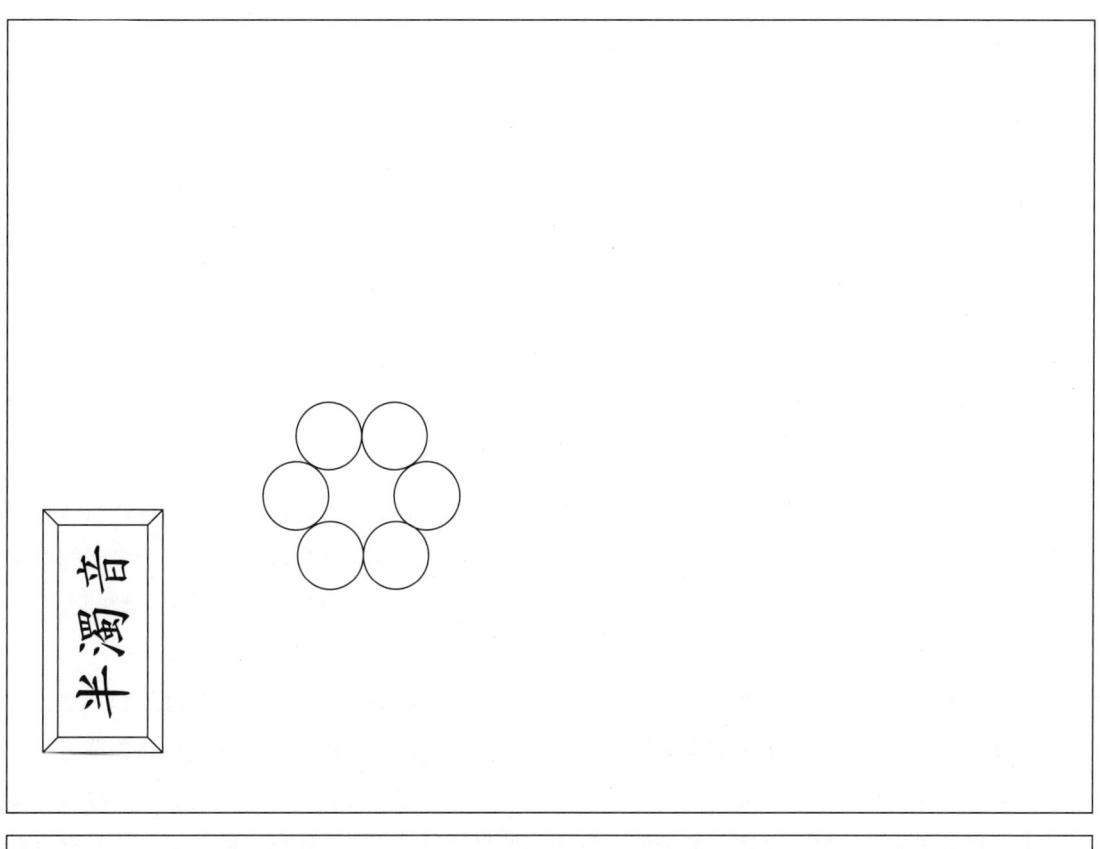

清音

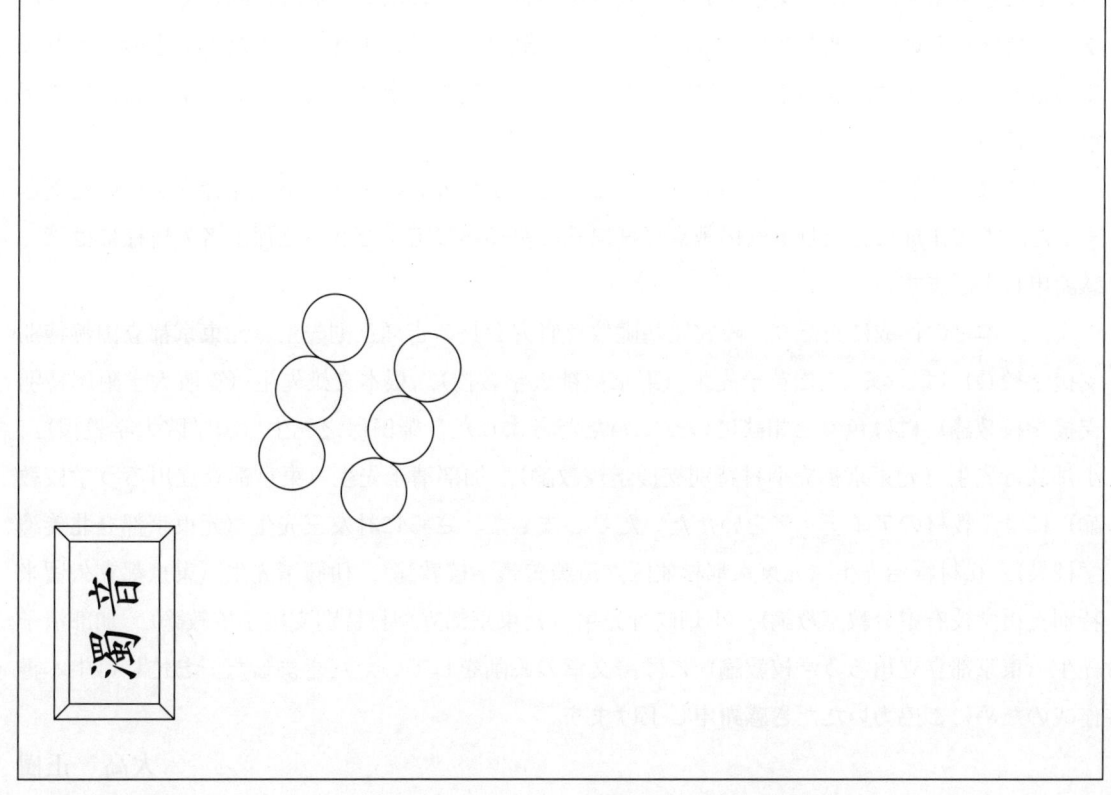

濁音

第3章　文字学習につながるシール貼りワーク

おわりに

　本書で掲載した内容は，学校の教育課程上では「国語・算数」あるいは「自立活動」に相当する内容で，個別の学習場面を主としています。しかしながら，学校では個別の学習場面はさほど多くはなく，むしろ，集団での学習場面が多いかと思います。

　集団での学習場面では，個々の子どもの特性を踏まえつつも，ある一定の「全体の流れ」が存在します。個々の特性に応じた指導を展開する特別支援学校でも，「全体の流れ」についていけない子どもは，集団から外れた存在となってしまうのも事実です。そのような子どもたちと接するたびに，水口先生に教わった「一人ひとりの子どもに合わせた課題（教材）を用意し，一人ひとりに合わせたペースで学ぶことの大切さ」を感じずにはいられません。

　がんばって集団に参加し，場を共有していたとしても，心がそこに参加していなければ意味がありません。大切なのは，「人と人とのやりとりの中で，相手を意識し，集団に自発的に参加しようとする意欲」を育てることです。その「自発的な心」を育てるためにも，教師として一人ひとりに合わせた課題（教材）を日々工夫していくしかないと実感しています。

　私自身の実践は，特別支援教育に長年取り組んでこられた諸先輩方に比べれば，つたないものであります。そのため，本書に掲載したアセスメント表は，今後の実践経験や諸先輩方のご指導により，変化していく可能性を含んでいます。また，更なる教材の工夫も必要になってくることと思います。特に，文字・数の導入時期の教材教具の工夫や実践に関しては，私自身がまだまだ学んでいく必要があり，本書では十分に触れられていません。また，本書のタイトルでもある「文字・数以前の指導」に関しても，今後，変更の余地を含んでおりますことをご了承ください。

　本書では，教員になってから出会った子どもたちから8名の実践事例を紹介させていただきました。本書作成に当たり事例掲載や写真掲載に快く応じてくださった保護者の皆様には深く感謝申し上げます。

　また，本書の作成に当たり，障害児基礎教育研究会長の吉瀬正則先生（元東京都立田無特別支援学校長）はじめ，立松英子先生（東京福祉大学教授），根本文雄先生（筑波大学附属特別支援学校教諭）には色々と相談にのっていただきました。柴田保之先生（国学院大学教授），小畑政行先生（元東京都立羽村特別支援学校教諭），加部清子先生（東京都立立川ろう学校教諭）には，教材のアイディアをいただいたりしました。さらに林友三先生（元東京都立北養護学校長），松村緑治先生（元東京都杉並区立済美養護学校教諭），伊藤靖先生（東京都立久留米特別支援学校府中分教室教諭），小畑政行先生（元東京都立羽村特別支援学校教諭），加部清子先生（東京都立立川ろう学校教諭）には，文章の添削をしていただきました。お忙しい中本書作成のためにご協力いただき感謝申し上げます。

大高　正樹

【著者紹介】

大高　正樹（おおたか　まさき）

- 東京学芸大学障害児教育学科卒業。
- 大学時代にボランティアで自閉症と呼ばれる子どもと出会い，その感覚に共感し，障害児教育を志す。
- 大学卒業後，障害児の放課後サークル指導員や心身障害児学級（現・特別支援学級）講師，小学校講師を経て，東京都新宿区立新宿養護学校教諭となる。
- 新任教諭時代から障害児基礎教育研究会に参加，水口浚先生に師事し，障害児教育の基礎を学ぶ。
- 現在，東京都杉並区立済美養護学校教諭。
- 専門は，最重度の子どもから文字・数学習以前の子どもに対する学習指導と教材教具の開発。

【表紙デザイン】　㈲オセロ

知的障害のある子への〈文字・数〉前の指導と教材
～楽しく学べるシール貼りワーク＆学習段階アセスメント表付き～

2010年9月初版第1刷刊	©著者　大　高　正　樹
2020年1月初版第13刷刊	発行者　藤　原　久　雄
	発行所　明治図書出版株式会社

http://www.meijitosho.co.jp
（企画・校正）佐藤智恵
〒114-0023　東京都北区滝野川7-46-1
振替00160-5-151318　電話03(5907)6701
ご注文窓口　電話03(5907)6668

＊検印省略　　　組版所　株式会社カシヨ

教材部分以外の本書の無断コピーは，著作権・出版権にふれます。ご注意ください。

Printed in Japan　　　ISBN978-4-18-063234-3

0-261

自閉症支援
はじめて担任する先生と親のための特別支援教育

井上雅彦・井澤信三〔著〕 A5判・180頁／2,058円（税込）

応用行動分析学によるポジティブ支援！

　本書は、特別支援教育にはじめて取り組む担任の先生と自閉症の子どもを持つ親御さんのための書です。

　応用行動分析学の考え方を元にしておりますが、専門用語をできるだけ使わずに保護者とのかかわりや校内ミーティングの方法、行動面での問題に対する具体的な取り組みなど特別支援教育に必要な内容をＱ＆Ａ形式でわかりやすく解説しています。

　また、「サポートブック」「個別の支援計画」「行動観察シート」などたくさんの書式サンプルや連携のためのシート、リストを資料にまとめており、すぐに特別支援教育への取り組みに生かしていただけます。

今日から役立つトラブル解決！

Q&A

保護者と教師が信頼を深めるための基礎知識
・保護者と教師が共通理解を図るためのポイントは
・共通理解のためのツールはありますか　　　　　　　　　　　　　　ほか

こんな時どうする？気になる行動への支援
・自閉症の子どもがノル会話「なかなか会話にのってくれないのですが…」
・自閉症の子どもがよろこぶほめ方
　「ほめてもうれしそうなそぶりがみられないのですが…」　　　　　ほか

事例10

・小学校2年生の男児です。ルールを頑なに守ろうとします。自分だけでなく、守らない人をよく注意し、トラブルになります。
・小学校6年生の男児です。相手に失礼なことを言ってしまいます。たとえば、太っている人を見かけると、「太っている！」と言ってしまいます。
・騒音や人混みが苦手です。どうもざわつくような音が苦手なようです。そのため多人数の集団場面に参加しにくいようです。　　　　　　　　ほか

資料

全国発達障害者支援センター一覧／親の会（高機能自閉症・アスペルガー症候群活動グループ）一覧／サポートブック（記入例つき）／個別の支援計画書式サンプル／行動観察シート／ストラテジーシート　　　　　　　ほか

http://www.meijitosho.co.jp　　FAX 03-3947-2926
ご注文はインターネットかFAXでお願いします。（24時間OK！）

〒170-0005
東京都豊島区南大塚2-39-5　　明治図書　ご注文窓口　TEL 03-3946-5092

併記4桁の図書番号（英数字）でホームページでの検索が簡単に行えます。

梅永雄二先生の進路指導教育書

LD・ADHD・アスペルガー症候群児の進路とサポート

0195　梅永雄二／著

LD・ADHD・アスペルガー症候群児の将来自立を考慮した指導・支援についてまとめた書です。障害のある本人アンケート（学齢期に困ったこと、など）から彼らの個性や特徴をつかみ、彼らの能力に合った支援を探ります。

A5判・1575円

夢をかなえる！特別支援学校の進路指導　新刊

0434　梅永雄二／編著

特別支援学校の生徒が社会参加・職業的自立を目指すための支援方法について、最新の方法論から具体的事例までを紹介しています。事例は全国の先駆的な生徒の夢かなった取り組みであり、特別支援学校高等部・高等特別支援学校で進路指導のあり方を模索する先生必読の書です。

A5判・1995円

シリーズ これからの特別支援教育

① 発達の遅れと 育ちサポートプログラム
―子どもの世界が広がる遊び63―

0381　加藤博之／著

障害のある子どもの指導には発達レベルにあったプログラムを幅広く経験させることが不可欠です。
本書はそのプログラムを育ちに必要な8つの柱に沿って紹介。方法・援助のポイント・日常生活への結びつきなどについてイラストや写真を豊富にわかりやすく解説しています。

A5判・2163円

② 発達障がいの子どものための 楽しい感覚・運動あそび

0382　森田安徳／編著

LD、ADHDなど発達障がいの子どもには大脳機能の基礎にある感覚・運動面での発育が大きな影響を与えます。
本書は感覚・運動の機能を10の領域から解説、保育・教育現場、家庭で楽しい96のあそびを紹介しています。イラスト豊富にねらいや方法、支援のポイントを示しています。

A5判・2163円

明治図書
東京都豊島区南大塚2-39-5
〒170-0005　TEL (03)3946-3152
ご注文窓口　TEL (03)3946-5092　FAX (03)3947-2926
http://www.meijitosho.co.jp/（HPからのご注文は送料無料）
※併記4桁の図書番号(英数字)をご利用いただきますと、HPでの検索が行えます。表示は税込価格です。

0-584

子どもの世界をよみとく 音楽療法
特別支援教育の発達的視点を踏まえて

CD-ROM付き

●加藤　博之著

A5判・160頁／2,520円（税込）

　音楽活動をより効果的に行うためにアセスメント→目標設定→指導→評価の流れを解説。障害のある子どもへの目の向け方、接し方も豊富な事例で紹介しています。
　付属のCD-ROMには指導場面の映像やアセスメントのためのプリントを収録しました。

姉妹編 　実践のための活動集

0-587

子どもの豊かな世界と音楽療法
障害児の遊び＆コミュニケーション

●加藤　博之著　A5判・144頁／1,890円（税込）

- あいさつの歌
- さようならの歌
- 『ゆーらゆーら』
- 『頭トントン』
- フープ跳び遊び
- バスごっこ
- バルーンで遊ぼう
- とまと体操　など

0-113

〈S-S法〉によることばの遅れとコミュニケーション支援

●倉井　成子編／矢口養護学校小学部著

A5判・206頁／2,373円（税込）

　〈S-S法〉は、前言語段階から対応できることばの評価・訓練・指導アプローチです。学校現場で、個別の指導計画作成→学習場面といかしていただくために、矢口養護学校小学部での実践を交えて紹介しています。

どれでわかるかな？
身振り→「チョキチョキ」→「はさみ」

---

http://www.meijitosho.co.jp　FAX 03-3947-2926

ご注文はインターネットかFAXでお願いします。（24時間OK！）

〒170-0005
東京都豊島区南大塚2-39-5

明治図書　ご注文窓口　TEL 03-3946-5092

併記4桁の図書番号（英数字）でホームページでの検索が簡単に行えます。